AF355921

NOTICE

SUR LE

CHEMIN DE FER

DE

Paris à Lyon

PAR LA BOURGOGNE.

JUILLET
1841.

PARIS,

IMPRIMERIE ET LITHOGRAPHIE DE FÉLIX MALTESTE ET Cⁱᵉ,

Rue des Deux-Portes-Saint-Sauveur, 18

CHEMIN DE FER

DE

PARIS A LYON PAR LA BOURGOGNE.

CHAPITRE PREMIER.

VUES GÉNÉRALES.

— I

État sommaire des Chemins de Fer.

Avant de nous occuper spécialement de la ligne qui fait l'objet de cette notice, il ne sera pas sans intérêt d'embrasser d'un coup-d'œil l'état général des chemins de fer, tant à l'étranger qu'en France.

Aux États-Unis, près de 7,000 kilom. de chemins exécutés ou sur le point d'être terminés.

En Angleterre, 76 chemins ou sections, qui comprennent un parcours de 3,600 kilom., dont 1,500 étaient déjà ouverts à la circulation au commencement de 1840.

En Belgique, un système complet qui doit relier entre elles toutes les villes principales sur un développement de 565 kilom., dont les deux tiers environ sont déjà terminés, et qui, de Malines comme centre, rayonnera sur la mer, la Hollande, la France et la Prusse.

En Allemagne, et particulièrement dans les états qui constituent l'association des douanes allemandes, le commencement d'un vaste réseau (plus de 4,000 kilom., dont 1,000 déjà en exploitation) qui, en se combinant avec les grandes voies navigables, le Rhin, le Danube, l'Elbe, l'Oder, etc., vers la Manche, la Baltique et la mer Noire, et en se rattachant aux chemins de Belgique et d'Autriche, d'une part, vers la Hollande, la France, la Suisse, l'Italie et la mer Adriatique, d'autre part, vers la Bohême, la Hongrie et la Pologne, donnera inévitablement à cette association une haute prépondérance (1); mettra : Berlin, par une double ligne, l'une par Magdebourg, Cologne et le chemin belge, l'autre par Weymar, Francfort et Strasbourg, à 40 heures de nos frontières; Vienne, à pareille distance de Varsovie et de Berlin; Munich, de Stettin; établira enfin, d'après les dispositions dernièrement prises avec la société rhénane, une ligne directe, soit sur Ostende, soit sur Anvers, par Cologne, au détriment de nos ports de la Manche, et d'après la concession toute récente d'un chemin de fer qui doit être exécuté en cinq ans, de Trieste à Hambourg, par Vienne, Dresde et Berlin, enlèvera à Marseille une grande partie du commerce de la Méditerranée.

En Russie, le projet arrêté de relier Pétersbourg à Moscou, Moscou à Varsovie.

En Italie enfin, d'assez grands travaux exécutés ou préparés pour la création de ces nouvelles voies.

En France, moins de 800 kilomètres, dont moitié à peine commencée, et sans aucun plan d'ensemble!

En d'autres termes :

En France par million d'habitans environ	24	kilom. de chemin de fer.
En Allemagne,	id.	65	—
En Belgique,	id.	157	—
En Angleterre,	id.	225	—
Aux États-Unis,	id.	550	—

---

(1) L'association des douanes allemandes comprend aujourd'hui une population de 25 millions d'habitans, c'est-à-dire toute l'Allemagne moins l'Autriche au midi, et les petits états du littoral de la mer du Nord, dont les intérêts réciproques amèneront nécessairement l'accession à la grande ligne allemande, qui déjà a donné naissance à une institution sans analogue dans l'histoire, le *congrès commercial* de Berlin.

3

Sans vouloir tirer de ces rapprochemens une conclusion trop rigoureuse, comment ne pas reconnaître qu'un fait nouveau et puissant vient agir sur l'ordre économique des peuples? que ce fait est le développement le plus avancé d'une industrie qui domine toutes les autres, la viabilité? comment ne pas dire avec tant d'hommes éclairés que préoccupe le bien du pays, qu'il y a aujourd'hui pour la France nécessité, urgence, de se créer à son tour de grandes lignes de chemins de fer?

Si, sous le rapport de ces voies merveilleuses de communication, la France est restée tant en arrière de la plupart des nations Européennes qui l'avoisinent, elle aura du moins maintenant, comme compensation, l'avantage d'opérer avec plus de certitude, trouvant d'utiles et précieux enseignemens dans ce qui s'est fait, soit au-dehors, soit chez elle.

Réseau à établir en France.

Plusieurs fois déjà on s'est occupé du grand réseau à établir sur notre sol, en raison des convenances territoriales et commerciales; ce réseau, en prenant la capitale pour centre, se composerait des lignes radiales suivantes :

De Paris au Hâvre.
— à la frontière belge.
— à Strasbourg.
— à Dijon et Bâle.
— à Lyon et Marseille.
— à Bordeaux et Bayonne.
— à Nantes et Brest.

De plus, quelques lignes secondaires et toutes les sections transversales dont les nécessités locales détermineraient l'exécution.

Ligne de Lyon.

Mais parmi toutes ces lignes, il n'en est point, on peut le dire, de plus importante que celle de Paris à Lyon, ou plutôt de Paris à Dijon, avec prolongemens, savoir :

De Dijon, sur Lyon et Marseille; sur Bâle et Strasbourg, par Mulhouse.
De Paris, sur Rouen et le Hâvre; sur Valenciennes, et Lille.

Vaste ensemble qui ouvrirait des communications directes de l'Océan à la Méditerranée (1), du nord au sud, et du sud à l'est de la France, c'est-à-dire :

De Marseille au Hâvre.
De Marseille à Strasbourg.
Du Hâvre à Bâle ou Strasbourg.
De Marseille à Lille et Dunkerque ou Calais.

Ces quatre grandes lignes, assises sur la section de Paris à Dijon, se compléteraient au moyen de quelques chemins aujourd'hui en exécution ou en projet : celui de Paris à Rouen qui se continuera probablement jusqu'au Havre; celui de Paris à la frontière belge, qui sera sans doute un des premiers réalisés; celui de Dijon à Mulhouse, qui se rattachera inévitablement à la belle ligne bientôt achevée de Bâle à Strasbourg (2). Il y aura aussi à utiliser, au moins momentanément, quelques voies navigables, la Seine, la Saône, le Rhône, dont la navigation rend déjà d'éminens services et en rendra bientôt de plus grands encore à l'aide des améliorations projetées.

Ligne intermédiaire par la Bourgogne.

C'est aussi dans un but de simplification et d'accélération de travail, qu'au milieu de ce vaste parcours, et ayant à relier par des voies en fer trois point principaux, Paris, Lyon et Strasbourg, on propose une ligne intermédiaire, augmentant, il est vrai, de une à deux heures le trajet entier, soit de Paris à Lyon, soit de Paris à Strasbourg, mais réduisant de près de 700 kilom. et 180 millions le parcours et la dépense, et offrant une section com-

---

(1) « Que l'on s'occupe au moins de cette grande communication qui, prenant la France en écharpe, s'appuierait au Hâvre sur l'Océan, et à Marseille sur la Méditerranée, en ralliant sur son passage Rouen, Paris et Lyon. » (Discours de M. le comte Jaubert, en 1838.)

(2) 140 kilom. de chemin de fer qui prouveront bientôt ce qu'on peut en France avec de la volonté, de l'habilité et de la persévérance.

mune de 360 kil. depuis Dijon, point central du triangle, jusqu'à Paris (1).

Dans la même pensée que celle qui nous occupe, il a été fait plusieurs projets, selon que l'on a cru mieux satisfaire aux nécessités et aux convenances de toute nature. Quel que soit le mérite de chacun d'eux, nous ne reviendrons pas ici sur ces divers tracés, dont nous avons eu occasion de nous occuper plusieurs fois, notamment dans une publication récente (2), en faisant connaître les motifs qui nous semblaient devoir mettre hors de doute la préférence à donner à celui qui traverserait la Bourgogne en passant par :

Corbeil, Melun, Montereau, Sens, Joigny, Tonnerre, Semur, Pouilly, Dijon, Beaune, Chagny et Châlons (3).

De nombreux embranchemens viendront tôt ou tard se rattacher à cette ligne principale et en accroître le mouvement et les produits. Il en est deux surtout dont l'importance a paru trop évidente pour n'en pas faire faire immédiatement les études ; ce sont

---

(1) 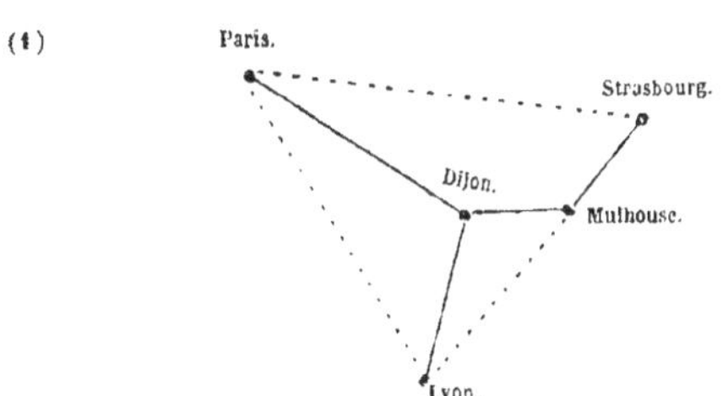

pour unir par les lignes les plus directes les trois points du triangle, on aurait :

De Paris à Lyon. . . . . 550 }
De Lyon à Strasbourg. . . . . . 470 } environ 1570 kilom. de chemins de fer.
De Strasbourg à Paris. . . . . . 550 }

En suivant la ligne intermédiaire , on a :

De Paris à Lyon, par Dijon. . . 574 } environ 874 kilom.
De Dijon a Strasbourg. . . . . . 300 }

Différence. . . . . 696 kilom.

(2) Publication du comité central du 18 août 1840.

(3) Voir aux Annexes le détail du tracé, page 55.

les embranchemens de Troyes et d'Auxerre qui, au moyen d'un trajet de 18 kilom., commun avec la grande ligne, ouvriront des communications nouvelles entre ces deux chefs-lieux de départemens et la capitale; entre les deux chefs-lieux eux-mêmes; et, en supposant les prolongemens nécessaires, relieront les bassins de l'Aube et de la Marne à celui de la Loire.

Autun devra aussi être rattaché par un embranchement de 16 kilom. environ, aboutissant à Epinac, où l'on trouvera déjà en activité le rail-way, qui, des houillères, va à Pont-d'Ouche rejoindre le canal de Bourgogne.

Développement et conditions générales du tracé.

Voici le développement général des parties étudiées :

De Paris à Corbeil.	30,000
De Corbeil à Montereau. . . .	60,204
De Montereau à la Roche. . .	76,368
De la Roche à Aizy.	79,281
D'Aizy à Dijon.	114,962
De Dijon à Châlons.	73,120

434,235 kilom.

De Châlons à Lyon (approximativ'.). . . . 140,000 kilom.

574,235 kilom.

Embranchemens { d'Auxerre. . . 19,402 ; de Troyes. . . 40,000 ; d'Autun. . . 44,000 } 103,402

Dans ce long parcours, à travers des terrains variés et fortement accidentés en quelques parties, notamment depuis Semur jusqu'aux approches de Dijon; malgré la nécessité de franchir un point de partage aussi prononcé que celui qui sépare les bassins des deux mers, et de pénétrer dans des gorges étroites, sinueuses et hérissées de rochers, comme à Semur et dans tout le trajet de Pont au moulin de la Ronce et à Bussières, il n'y aura point cependant de pentes ni de courbes hors des conditions prescrites. Généralement les courbes se développent sur des rayons de 1,000 à 1,500 m. pour se raccorder avec de beaux alignemens droits et prolongés, et les inclinaisons, variant de 1 à 3 mil. par mètre, ne dépassent jamais 4.

Tout le tracé peut être établi à *ciel ouvert*, et si l'on propose quelques passages souterrains, comme au Coudray ou à Lésinnes, c'est uniquement dans un but de raccourcissement.

Sans doute, sur quelques points, les travaux d'art seront importans; mais il est possible d'en apprécier exactement d'avance les difficultés et les frais. Les déblais et les remblais se compensent en grande partie; et s'il y a des emprunts à faire, ce sera communément dans des terrains d'alluvion, souvent en opérant les redressemens obligés de cours d'eau.

Pour franchir, *sans souterrain*, le faîte de Sombernon, la configuration du sol nécessite un coude assez prononcé de Semur à Dijon. Dans le désir d'éviter ce circuit, il a été fait des études multipliées dans les vallées et sur les cols qui pouvaient faire espérer un passage plus direct. De graves difficultés n'ont pas permis de s'écarter de la direction déjà suivie par le canal, et qui présente, pour la traversée du seuil, d'incontestables avantages.

Il a été aussi mis en question si on ne pourrait pas aller directetement de Pouilly à Beaune ou à Chagny, en traversant, *en tunnel*, le mont Afrique, qui prolonge au sud-ouest la montagne de Sombernon, et dont le sommet transversal légèrement ondulé, mais sans cols saillans jusqu'à Nolay, n'offre d'autre ouverture que la gorge profonde de l'Ouche, passage dont on a profité pour la direction du tracé.

Devait-on, en effet, pour abréger de moins d'une heure le trajet entier de Paris à Lyon, entreprendre un long souterrain de 5 à 6,000 mètres, avec de fortes pentes ou même des plans inclinés et une augmentation de dépense de près de 5 millions, après avoir eu le rare bonheur de franchir sans aucun obstacle sérieux et à ciel ouvert le point le plus élevé et le plus difficile?

D'ailleurs, il ne s'agit pas seulement de la ligne du midi, de Paris à Lyon, mais bien aussi de celle de l'est, de Paris à Bâle; et cette dernière, par l'adoption du *tunnel*, perdrait à peu près tout ce que l'autre aurait pu gagner. En raison de son importance géographique, commerciale et stratégique, pouvait-on déposséder

Dijon d'une communication directe, en ne lui donnant qu'un simple embranchement?

Pouvait-on, en outre, priver la ligne, pour l'établissement d'une grande station centrale, des ressources précieuses d'une ville populeuse et industrielle, qui assurera tous les besoins de ce service, et y trouvera, en même temps, de nouveaux élémens de prospérité (1)?

Enfin ce tracé tel qu'il est ici présenté ne semble pas devoir atteindre en longueur celui des autres directions proposées, dont les études inachevées et sur plusieurs points encore incertaines, ne permettent qu'une évaluation approximative (2).

Toutes ces questions sont traitées avec une grande supériorité de talent dans le mémoire de M. Polonceau, inspecteur divisionnaire en retraite des ponts-et-chaussées, qui a bien voulu se charger de la direction générale des études, et spécialement, de l'une des parties les plus importantes de la ligne, celle d'Aizy à Châlons. Ce mémoire, déposé pour les enquêtes à l'administration des ponts-et-chaussées, nous a fourni pour cette publication de nombreux et précieux documens (3).

Il en est de même du travail fait avec un soin tout particulier, par MM. les ingénieurs en chef Leblanc et La Rupelle, que l'administration, sur notre demande, a bien voulu autoriser à faire les études depuis Montereau jusqu'à Aizy.

Nous avons ainsi complété tout le tracé jusqu'à *Châlons*; et cette ligne va être incessamment soumise à l'examen des localités intéressées. Le pays, légalement consulté, pourra alors en

---

(1) Le détour par Dijon allonge le trajet d'environ 48 kilom., soit d'une heure un quart, en supposant une vitesse moyenne de 8 lieues à l'heure. Le passage en tunnel du mont Afrique ferait éprouver sur cette vitesse une diminution d'à peu près un tiers. La perte réelle de temps est donc de 50 minutes au plus.

(2) Tracé par la Loire (Orléans, Vierzon, Nevers, Roanne, Saint-Etienne, et Lyon), environ. . . . . 620 kilom.

Par la Seine (Troyes, Dijon, Châlons et Lyon). 600   »

Par la Bourgogne. 574   »

Par le Serein, les indications premières faisaient espérer à la vérité un tracé plus court, mais qui, en raison des motifs déjà signalés, n'a pas été jugé admissible.

Par l'Aube, le développement serait naturellement plus long encore que par la Seine.

(3) Nous regretterions vivement de ne pouvoir le reproduire ici en son entier s'il n'était pas imprimé et publié.

apprécier toutes les conditions avantageuses, et, par son approbation éclairée et réfléchie, en accélérer l'exécution.

Adhésions.

Cette approbation ne peut être l'objet d'un doute, à en juger par
l'accueil fait jusqu'à ce jour à nos avant-projets; par les délibérations de presque tous les conseils généraux et municipaux de la
ligne (1), par les sacrifices que les localités se sont déjà imposés
pour les études préparatoires, et enfin par l'impatience, pour
ainsi dire instinctive, des populations.

Emploi simultané des voies navigables.

Si, en nous appuyant sur cette manifestation de l'opinion pu-

---

(1) — Par sa délibération du 29 août 1840, le conseil général de l'Yonne émet le
vœu qu'un projet de loi soit présenté aux chambres pour autoriser le concession
d'un chemin qui, partant de Corbeil, ... etc.

Il arrête en outre qu'un crédit de ..... sera ouvert au budget de 1841 pour servir à compléter les études.

Que les terrains nécessaires sur le territoire de l'Yonne seront livrés par le
département, aux concessionnaires, à la condition d'en opérer le remboursement
en quarante-sept ans, au moyen d'un amortissement de un pour cent.

Que la somme à rembourser ne pourra dans aucun cas dépasser 1,200,000, et
que l'intérêt des sommes dues sera limité à trois pour cent.

— Un grand nombre de communes de ce même département, plus ou moins rap-
chées du tracé, en votant des fonds pour les études du chemin, ont constaté dans
leurs délibérations le grand intérêt qu'elles y mettaient.

— Le 31 août 1840, le conseil général du Rhône, ayant à se prononcer entre le
projet par la Loire, et celui par la Bourgogne, donne la préférence au second.

— Le conseil général de Saône-et-Loire, dès l'année 1839, séance du 3 septembre,
renouvelle le vœu qu'il avait émis dans ses précédentes sessions, que, si le projet
d'établissement d'un chemin de fer de Paris à Lyon reçoit son exécution, sa direction soit déterminée par la Bourgogne. — Même délibération en 1840.

— Le conseil général de la Côte-d'Or, séance du 27 août 1840, délibère :

1° « Une somme de. .... sera comprise au budget de 1841, et mise à la disposition de M. le préfet, pour être employée, pour une moitié, aux études du tracé de
Dijon à Lyon, passant autant que possible par Beaune et Châlons, et dirigée par
M. Polonceau, et l'autre moitié, aux études des deux lignes de Dijon à Mulhouse,
que va faire exécuter la Société industrielle de cette dernière ville. »

2° Etc.

Les villes de Dijon, Beaune, Nuits, Pontaillier et plusieurs autres communes de
la Côte-d'Or ont aussi voté des fonds pour les études, et quelques unes ont an-
noncé l'intention formelle de venir en aide à l'entreprise par de fortes allocations.

blique, nous insistons sur la nécessité des nouvelles voies à créer, ce n'est point avec un aveugle enthousiasme, ni à l'exclusion des autres moyens de communication, que nous proposons au contraire d'employer concurremment, autant pour obtenir une plus grande somme d'utilité, que dans un but de diminution de dépense ou de plus prompte réalisation.

Mais, a-t-on dit souvent, est-il convenable d'établir un chemin de fer, là où un cours d'eau offre déjà un mode de transport facile et moins onéreux?

Quand il serait vrai que, pour certaines marchandises communes et encombrantes, les voies navigables dussent toujours l'emporter sur les chemins de fer, il n'est pas moins vrai que ce sont ces voies même qui déterminent plus particulièrement le mouvement d'affaires, la circulation de voyageurs, principalement destinés à l'alimentation des chemins de fer. C'est donc la voie commerciale et naturelle, plus ou moins lente, plus ou moins régulière, parfois interrompue, qui motive elle-même une voie supplémentaire, plus certaine, plus accélérée, et qui assure à cette dernière les élémens nécessaires d'une exploitation suffisamment profitable.

Observons, en outre, que pour être dans de bonnes conditions, soit de premier établissement, soit d'exploitation, un chemin de fer doit, autant que possible, éviter les souterrains, les plans inclinés, les courbes à petits rayons, les pentes et contre-pentes, etc. ; or, ce sont là autant de motifs puissans pour suivre les vallées qui présentent un premier nivellement naturel et un sol généralement uniforme et facile, tandis qu'elles sont en même temps les parties du territoire ordinairement les plus peuplées, les plus productives et les plus favorables à l'activité industrielle et commerciale.

C'est par de semblables considérations qu'au tracé par les plateaux, de Paris à Rouen, a été substitué le tracé par la vallée; qu'en Angleterre, ont été établis : le rail-way de Thames-Haven-dock, sur les bords de la Tamise ; celui de Londres à Birmingham, le long du canal de Grand-jonction; celui de Liverpool à Manchester, dans la direction de deux voies navigables; en Belgique, celui de Gand à Ostende, le long du canal de Bruges : en Allemagne,

celui de Magdebourg à Cothen et à Dessau, dans la direction de
l'Elbe, et bien d'autres qui, sans nuire aux voies anciennes,
voient chaque jour s'accroître le mouvement général qu'ils favorisent.

Nous avons dit que notre travail était complet depuis *Montereau* jusqu'à *Châlons*.

De Châlons à Lyon, et de Lyon à Marseille, les facilités offertes
par la navigation permettront probablement d'ajourner l'exécution
de la voie en fer (1), bien que le tracé en ait été déjà étudié par
ordre du gouvernement.

De Paris à Corbeil, la section ouverte s'offre naturellement
comme tête de ligne. De Corbeil à Montereau, les études ont été
faites depuis longtemps par les soins de M. Défontaines, inspec-
teur-général des ponts-et-chaussées, et l'administration les a à sa
disposition.

Nous pouvons donc examiner avec quelques détails, dans le cha-
pitre suivant, les conditions générales de la ligne entière. Elles
doivent être considérées sous trois aspects différens :

> *Circulation intérieure.*
> *Voies de transit.*
> *Route stratégique.*

---

(1) Voir, pour les progrès récens de la navigation sur le Rhône, la note D,
page 56.

CHAPITRE II.

CONSIDÉRATIONS STATISTIQUES.

—

CIRCULATION INTÉRIEURE.

Traversant tout le territoire et dans sa plus grande étendue;

Unissant deux des principaux fleuves, dont les cours, diamétralement opposés, se dirigent, avec leurs nombreux affluens, vers les deux mers;

Joignant les deux ports principaux, et s'appuyant sur les deux villes capitales du royaume;

Offrant des débouchés sur les quatre grands bassins de la France, sur celui du Rhin et sur les frontières du midi, de l'est et du nord;

Cette vivifiante artère agira directement ou indirectement sur plus de la moitié de la population, du territoire et du commerce général de la France.

Observons qu'elle touchera à l'un des plus grands dépôts houilliers et à l'un des premiers groupes d'usines à fer du pays, trouvant ainsi sur son passage les deux agens principaux de l'industrie;

Qu'elle cotoiera une longue suite de vignobles renommés, de belles et vastes forêts, des plaines fertiles, des pâturages remplis de nombreux élèves;

Qu'elle facilitera les transports et les échanges des produits variés du nord et du midi de la France, encore aujourd'hui si inégalement répartis;

Qu'enfin, elle parcourra une longue zône, d'une extrême importance, sous tous les rapports de population, de richesse, de production, etc.

Ces faits ressortent évidemment de l'inspection du tracé et des tableaux statistiques, joints à cette publication, (*voir* aux Annexes, pages 43, 44, 45 et 46).

Ils suffiront pour faire pressentir tout ce qu'on peut attendre, dans l'intérêt des localités et du pays tout entier, d'une plus grande facilité dans les relations commerciales, d'une plus grande mobilisation des hommes et des choses, d'une répartition plus égale de tout ce qui constitue le bien être, résultat précieux de la circulation, sous quelque forme qu'on l'envisage.

Déjà la route de Paris à Lyon est une de celles qui présentent la circulation la plus active en voyageurs, ainsi que le prouverait au besoin le rélevé des droits payés à la régie par les grandes messageries. Quant aux marchandises, le mouvement ne doit pas être proportionnellement moins important, si on considère tout ce qui se transporte soit par le roulage, soit par eau, sur les trois routes et les quatre lignes navigables qui aboutissent aux deux points extrêmes (1).

Que serat-ce lorsque la voie nouvelle donnera à cette immense circulation un accroissement dont il est également difficile d'assigner les dernières limites, comme aussi de prévoir tous les résultats (2)?

---

(1) Par terre : la route de Dijon ; celle d'Auxerre ; celle de Nevers et Moulins.

Par eau : la ligne de la Seine à la Saône par l'Yonne et le canal de Bourgogne;

La ligne de la Seine à la Saône par le canal de Loing, de Briare, de Briare à Digoin et du centre;

La ligne de l'Yonne, du canal du Nivernais, d'une partie du canal latéral à la Loire et du canal du Centre.

La ligne qui de Digoin suit la Loire ou le canal jusqu'à Roanne, et là. prend le chemin de fer jusqu'à Lyon, par St-Etienne.

(2) Voici la proportion dans laquelle s'est accrue sur quelques routes le mouvement des voyageurs depuis l'établissement des chemins de fer:

De Bruxelles à Anvers.	de 1	à 15	
De Dundée à Newliste.	1	14	
D'Arbroeth à Forfar.	1	11	
De Lyon à Saint-Etienne.	1	10	
De Glascow à Ayr.	1	3	
De Newcastle à Carlisle.	1	5 1/2	
De Stoctou à Darlington.	1	5	
De Liverpool à Manchester.	1	4 1/2	
De Londres à Birmingham.	1	4	

Sur le chemin de fer de Saint-Germain la circulation est d'environ 5,000 personnes par jour, ainsi que sur les deux chemins de Versailles.

Sur celui de Corbeil, même dans la mauvaise saison, elle a dépassé 2,500, et de

Ramifications.

Au mouvement particulier de la ligne viendra se joindre celui des ramifications, qui s'étendront et se multiplieront en raison de la longueur du parcours.

Ainsi, sans parler des deux prolongemens directs sur le Hâvre et sur Marseille, qui font partie intégrante du projet, ne doit-on pas prévoir un accroissement de relations entre Lyon et le midi, embrassant toute la ligne des Pyrénées, que favorisera le chemin de fer déjà exécuté de Beaucaire à Nismes et bientôt relié à celui de Montpellier à Cette.

Du côté de Paris, le chemin vers la Belgique, à part le mouvement du chemin lui-même, n'aurat-il pas une grande influence sur le prolongement intérieur de la ligne méridionale?

Paris et Lyon deviendront ainsi les deux grandes stations, les deux entrepôts de tout le mouvement de l'une à l'autre moitié, nord et sud, de la France.

Dans le rayonnement de Dijon, la circulation ne sera ni moins importante ni moins étendue. La Bresse, le Jura, les riches bassins de la Meuse, de la Moselle et du Rhin, tels sont les principaux débouchés; et, des provenances actuelles du midi et du sud-est, qui transitent par Dijon, la plus grande partie se dirige vers l'est et le nord.

Ainsi, Dijon une fois relié avec le rail-way de Bâle à Strasbourg qui détermine déjà, dans la direction du fleuve, un mouvement considérable de voyageurs et de marchandises, une voie est assurée à tout le commerce entre le midi et l'Alsace, entre Marseille et Strasbourg, entre la Méditerranée et la Suisse, la Sardaigne, toute l'Allemagne centrale, la Belgique, la Hollande et la mer du Nord.

---

plus, une forte quantité de marchandises sur lesquelles on avait peu compté dans le principe.

Sur le chemin de Saint-Etienne, malgré les difficultés qui entravent le service, le mouvement journalier est d'environ 1,400 tonnes de marchandises, et à peu près 1,000 voyageurs, dont on n'avait tenu aucun compte dans les calculs de première institution.

Le chemin de Bâle à Strasbourg, qui n'est encore ouvert que sur trois sections, formant un parcours de 111 kilom. à peu près, a offert, pendant le mois de mai dernier, une moyenne par jour de 2,400 voyageurs, et d'après toutes les probabilités, ce chiffre pourrait être doublé aussitôt que le chemin sera terminé.

VOIE DE TRANSIT.

Du tableau général du commerce, publié en 1840 par l'administration des douanes, il résulte que le mouvement des importations et exportations, a suivi depuis plusieurs années une proportion d'accroissement très sensible ; elle a été de 17 p. 0/0 pour la
moyenne des cinq dernières années. Mais il n'en est pas de même
du transit ; celui-ci ne présente, pour ainsi dire, aucune augmentation, ce qu'il faut attribuer en grande partie aux difficultés de
la navigation intérieure et aux frais élevés du roulage. Presque
tout le mouvement de transit et même celui du commerce intérieur, pour de longs parcours et dans les directions qui le permettent, se fait aujourd'hui par le cabotage (1), qui verse annuelle-
ment :

De la Méditerranée dans l'Océan, environ. . 320,000 tonneaux.
De l'Océan dans la Méditerranée. . . . . . . 430,000 »
____
750,000 tonneaux.

Le commerce extérieur présente, en valeur, les résultat suivans :

Importations. 947,000,000
Exportations. 1,003,000,000

Total. 1,950,000,000
Soit : Commerce de mer. . . . 1,413,000,000 ou 72 p. °/₀.
Id. de terre. . . 537,000,000 ou 28 p. °/₀.
Produits naturels. . . . . 34 p. °/₀.
Produits manufacturés. . . . . 66 p. °/₀.

Ces divers produits, quant à leur importance, peuvent être ran-
gés dans l'ordre suivant :

____

(1) Il est bon d'observer que de Marseille au Hâvre, le temps du trajet par la voie
de terre est d'environ un mois ; que par mer, aussi bien que par la navigation intérieure, il est généralement de deux à trois mois ; que par le cabotage et avec desti-
nation pour l'intérieur, les frais, quoique peu élevés, s'augmentent d'autant plus,
qu'après leur débarquement les marchandises se rapprochent davantage du point
de provenance.

Sans prétendre que la totalité des transports abandonne ces voies habituelles,
question trop compliquée pour être de longtemps résolue, il est cependant permis
de croire que dans de nombreuses circonstances, le chemin de fer sera plus avan-
tageux, et conséquemment préféré.

Exportations : tissus de soie, de coton, laine, lin, chanvre, vins, céréales, tabletterie, mercerie, poterie, verrerie, bijoux, modes, nouveautés, etc.

Importations : coton, soie, sucre, céréales, bestiaux, houille, tabac, café, machines, pelleteries, etc

Parmi les pays étrangers qui coopèrent à ce mouvement général, figurent pour plus des deux tiers, et dans les rapports suivans, ceux qui se trouvent sur les débouchés de la ligne, savoir :

États-Unis.	16 p. %.
Angleterre.	11 —
États Sardes.	10 —
Allemagne.	9 —
Suisse.	8 —
Belgique.	8 —
Espagne.	6 —
Levant.	5 —
Italie.	3 —
Afrique.	2 —

Dans le mouvement d'entrepôt figurent aussi, au premier rang, les points suivans de la ligne :

Le Havre.	31 p. %.
Marseille.	30 —
Lyon.	10 —
Paris.	6 —
Rouen.	2 —
Strasbourg.	1 —

Ces aperçus tendent à prouver de quelle importance serait la ligne projetée pour le commerce extérieur et particulièrement pour le transit.

Mais qu'on se hâte!... le progrès que les temps ont amené peut nous être fatal, si nous ne cherchons pas, comme les autres stations, à en profiter.

La Belgique, qui va trouver dans son chemin de fer l'unité qui lui manquait encore et une nouvelle force productive, la Prusse, l'Autriche, toutes les populations allemandes qui, elles aussi, veulent aujourd'hui du travail et des échanges, semblent, par les grandes lignes qu'elles portent jusqu'à nos frontières, faire à la France une sorte d'appel industriel et commercial. Que cet appel ne soit pas entendu, par la force des choses et à l'aide des voies nouvelles dont va être sillonné son territoire, cette puissante fédération, qui doit tendre sans cesse à s'accroître et à ne former un jour qu'un vaste atelier, qu'un marché immense, non seulement s'habituera à n'y plus recevoir nos produits, mais encore cherchera à nous ôter tous les bénéfices du commerce extérieur. Les expéditions étrangères pour la Suisse, les provinces rhénanes et toute l'Allemagne centrale seraient donc enlevées aux lignes directes que nous pouvons leur offrir par le Hâvre, Paris, Dijon et Bâle; par Marseille, Lyon et Strasbourg; par Marseille, Paris et Lille.

Aujourd'hui que la Méditerranée redevient le centre de l'activité commerciale et politique, que toutes les idées de régénération et de colonisation se reportent vers le Levant, la France, qui pourrait devenir le centre d'un mouvement incalculable, se laissera-t-elle déposséder de la voie de communication la plus courte qu'on puisse tracer de l'une à l'autre mer, et de l'Europe presque entière vers l'Afrique et l'Asie?

L'Angleterre, dont l'intérêt commercial est le premier mobile, et dont les expéditions lointaines ont pour but principal le territoire indien, ne profitera-t-elle pas de notre rail-way pour ses dépêches, ses voyageurs, ses marchandises, peut-être même ses soldats, lorsqu'elle pourra se dire :

3 heures de Londres à Southampton.
13 — de Southampton au Hâvre.
8 — du Hâvre à Paris.
Soit : de Londres à Paris. . . . . . . 1 jour.
de Paris à Lyon. . . . . 1 »
de Lyon à Marseille. . . . . . 1 »
de Marseille à Suez. . . . . . . 12 »

Soit : des bords de la Manche à ceux de la mer Rouge, 15 à 18

3

jours, en évitant, par le passage sur notre territoire, le circuit et les entraves du détroit de Gibraltar.

Et les Anglais seront-ils donc les seuls à faire un semblable calcul?

Si ces observations ont quelque justesse, s'il est vrai, comme on le répète chaque jour, que les intérêts matériels dominent l'époque, pourquoi la France ne chercherait-elle pas dans son admirable situation géographique et dans des rapports commerciaux plus faciles, plus fréquens, plus intimes, une source intarissable de prospérité intérieure, et en même temps un principe d'alliance à l'étranger, une solidarité d'intérêts, un moyen de haute et légitime influence, non moins propres que toute autre combinaison, soit par l'habileté diplomatique, soit même par la force des armes, à conserver entre les peuples une paix profitable à tous et que tous désirent!

ROUTE STRATÉGIQUE

Une dernière considération vient ajouter puissamment à l'importance de la ligne dont nous nous occupons, et doit appeler sur elle toute l'attention du gouvernement.

Les mesures militaires de précaution et de conservation que prend en ce moment la France ne demandent-elles pas simultanément, d'urgence, et dans l'intérêt même de la paix, le prompt établissement des grandes lignes jugées nécessaires?

Il faut aujourd'hui à la France des chemins de fer pour la mettre à armes égales avec tout ce qui l'entoure, pour agir stratégiquement comme le veut l'époque, pour remuer ces masses que les guerres modernes précipitent sur les champs de bataille, pour exécuter ce que le télégraphe prescrit.

Il faut des chemins de fer pour multiplier les ressources sans accroître proportionnellement les dépenses, pour suppléer au nombre par la mobilisation, pour avoir sans cesse à sa disposition, soldats, vivres et munitions; pour ne plus laisser dans les places fortes de la frontière un immense matériel sous le coup d'une tentative imprévue, ou pour secourir et ravitailler, en cas de besoin, ces mêmes citadelles.

Il faut des chemins de fer pour généraliser la défense, pour éloigner l'ennemi du cœur du royaume, pour l'arrêter à la frontière, là où l'on peut en triompher sans exposer le pays aux terribles éventualités de la guerre, ou bien, s'il a pénétré sur le territoire, pour le tenir dans la crainte incessante de se voir coupé et cerné (1), sans mettre à sa disposition les mêmes moyens d'agression, puisque l'éloignement des véhicules et l'enlèvement de quelques rails suffiraient pour ôter toute possibilité de se servir des lignes.

Dans toutes ces hypothèses, on voit de quelle utilité serait une voie en fer sur laquelle 600 wagons pourraient effectuer le transport de vingt à vingt-cinq mille hommes, en moins d'un jour, de Paris à Lyon, ou sur le Rhin, depuis Bâle jusqu'à Strasbourg (2).

Et sans aller jusqu'aux prévisions de guerre, l'utilité du chemin ne serait-elle pas encore évidente pour les transports ordinaires de troupes et de munitions, pour les approvisionnemens en cas de disette, pour les mouvemens possibles d'insurrection à réprimer, ou plutôt à prévenir, et tant d'autres occurrences où la célérité peut offrir le moyen d'arrêter les désastres, comme de réduire les dépenses (3)?

D'après tout ce qui vient d'être dit, on ne peut mettre en doute

---

(1) « Ne serait-ce rien que de pouvoir, par une ligne en fer, rattacher entre elles nos grandes places de guerre et les rapprocher, suivant leur situation, du centre ou de la frontière ? Ne serait-ce rien que de transporter en douze heures un régiment à Lyon ? Ne serait-ce rien que de faire trouver tout-à-coup sur les pas d'un ennemi qui approcherait de Strasbourg ou de Lille, toutes les forces de la France ? » (Rapport de M. Dufaure sur les travaux extraordinaires 184⁴.)

(2) Depuis quelque temps les essais de ces transports se multiplient sur les chemins de fer aux environs de Paris. Les wagons ordinaires transportent trente a quarante personnes ; avec des voitures dites *wagons debout* ce nombre pourrait être fortement augmenté.

(3) Que la sécurité de deux points importans, Paris et Lyon, par exemple, à une distance d'une quinzaine de jours de marche, exige une force militaire permanente de plus de quarante mille hommes ; avec la possibilité de diriger en vingt-quatre heures au plus, de l'un vers l'autre, et sur tous les points intermediaires, les troupes devenues momentanément nécessaires, ne pourrait-on pas opérer sur l'effectif une forte réduction dont l'économie couvrirait bientôt une partie des avances nécessitées par le chemin de fer ?

que les considérations stratégiques ne donnent une extrême importance à la ligne projetée, et particulièrement au tracé indiqué ;
car, la ville de Dijon est on ne peut mieux située pour être le
nœud des opérations militaires entre Lyon et Strasbourg, et le
tracé, surtout de Dijon à Paris, est généralement sur la rive
gauche des cours d'eau qui peuvent le protéger, et dans des
vallons dominés par des coteaux favorables à la défense. Sur plusieurs points, les gorges profondes et resserrées de l'Armançon et
de l'Ouche, entre Semur et Pont-d'Ouche, entre Pont-d'Ouche
et Pont de Pany, présentent des passages qu'on pourrait facilement rendre pour ainsi dire inexpugnables.

Ainsi, en admettant qu'une armée ennemie, après avoir franchi
la frontière du nord-est (presque toujours l'une des premières
menacées) eût envahi, comme il est arrrivé quelquefois, la Lor-
raine, la Champagne, jusqu'à la vallée de l'Aube et même de la
Seine, le chemin de fer par la Bourgogne, à l'abri de ses insultes,
pourrait encore être maintenu en activité, et porter secours à
toutes les places fortes de l'Alsace et de la Franche-Comté,
Auxonne, Besançon, Belfort, Schelestadt, Huningue, Strasbourg, etc.

Ces réflexions nous paraissent de nature à exercer une profonde
influence sur la détermination qui sera prise relativement aux
communications à établir entre Paris et Strasbourg. Quand bien
même cette importante ligne d'opérations nécessiterait plus tard
un chemin de fer direct par la Marne, Châlons, Nancy, etc.,
ou par quelque direction à peu près analogue, ce chemin, d'une
extrême utilité, tant qu'il resterait libre, serait cependant toujours
trop à découvert pour qu'il n'y eût pas un immense avantage à
avoir un peu plus en arrière une autre ligne moins exposée et bien
plus facile à défendre (1).

Telle est celle de la Bourgogne qui, de tous les tracés propo-
sés, nous a semblé le mieux répondre à toutes les exigences et satisfaire à tous les intérêts.

---

(1) Voir l'extrait d'une délibération du comité des fortifications, page 54.

Avant de nous occuper des résultats financiers de l'entreprise, nous allons indiquer sommairement les données statistiques d'après lesquelles ils sont établis.

Mouvement actuel.

L'objet principal des grandes lignes de chemin de fer, est, sans contredit et avant tout, le transport des voyageurs. Nous avons donc dû mettre d'abord tous nos soins à rechercher quelle est, sur la route que desservira notre ligne, la circulation actuelle.

Voici les moyennes que nous avons obtenues pour chaque partie de la route, par jour, aller et retour compris (1).

MOUVEMENT PARTIEL.

De Paris à Corbeil, pour mémoire. 2,500
De Corbeil à Montereau. 300
De Montereau à la Roche. 270
De la Roche à Aisy. 220
D'Aisy à Dijon. 150
De Dijon à Châlons. 250
De Châlons à Lyon, pour mémoire. 800

Sans comprendre la circulation du chemin de fer de Corbeil et celle des bateaux à vapeur de la Saône, bien qu'avec la continuation d'une voie rapide, il y eut lieu de s'étonner qu'elle ne s'étendît pas au-delà de ses limites actuelles, nous avons cru pouvoir évaluer la moyenne générale du mouvement partiel, de Corbeil à Châlons, par jour, à 250

MOUVEMENT GÉNÉRAL.

6 grandes diligences, aller et retour. 12
À 13 voyageurs par voiture, un tiers réduit, moyenne par jour. 150

Ensemble par jour. . . . 400

---

(1) Ces indications proviennent de renseignemens nombreux pris avec soin sur les lieux mêmes, près des autorités, des diverses administrations, des entrepreneurs de messageries et de roulage, etc., ou par des employés apostés sur les routes; enfin auprès de toutes les personnes en position de ne les donner qu'avec une entière connaissance et une juste appréciation. Nous tenions à présenter des chiffres dont

Le mouvement des marchandises sur toute la ligne, tant par le roulage que par la navigation, ne peut pas être évalué à moins de 3 à 400,000 T. par année (1),

Soit par jour, en moyenne, environ. . . . . 1,000 T.

! Sur lesquelles nous comptons seulement, par la voie de terre, environ 1/10e, ou par année 31,000 T. soit par jour :

De 1re classe 40 T.) ensemble environ.. 85
De 2e classe 45)

Mouvement probable.

La presque totalité des voyageurs ci-dessus constatée viendra très probablement au chemin de fer.

Quant aux marchandises, sur lesquelles il reste, il est vrai, plus d'incertitude, on a peut-être eu tort cependant de ne les considérer souvent que comme une branche insignifiante et éventuelle de produits (2).

Un examen plus approfondi, et surtout les résultats obtenus sur divers chemins en activité, permettent de compter davantage sur elles et d'établir d'avance quelques probabilités sur celles qui auront un intérêt de temps, de conservation ou d'économie à se servir du rail-way.

Ainsi, on aura les bagages, dépêches, articles de luxe et d'art,

---

la modération parût évidente. Cette réserve dans nos évaluations est une garantie contre l'inconnu que l'on redoute pour les chemins de fer, inconnu qui ne porte pas moins sur l'accroissement de circulation et de produit que sur la dépense.

Le mouvement partiel se compose de toutes les messageries locales, de tous les services réguliers entre les points intermédiaires ; mais il ne tient pas compte des voitures bourgeoises, et surtout du nombre encore si considérable de voyageurs à pied qu'amènera nécessairement au chemin de fer un service rapide, régulier, fréquent et modéré dans ses tarifs.

Le mouvement général ne comprend que les grandes diligences, malles-postes, etc., desservant toute la ligne.

(1) Voir, pour le mouvement du roulage direct de Paris à Lyon, note ‗ page 57.

(2) « De même que la masse des voyageurs en wagons avait fait en 1835 et 1836 la popularité et la richesse du chemin de fer, aujourd'hui le transport des grosses marchandises forme le principal revenu de cette branche de service, tout en occasionnant la moindre dépense. » (Rapport du ministre des travaux publics sur le chemin belge. 1841).

Ce chemin en 1840 a transporté environ 117,000 T. de marchandises.

tous les objets, en un mot, habituellement expédiés par les messageries, les malles-postes ou le roulage accéléré ;

Les vins, eaux-de-vie, huiles, etc., qui 's'affranchiront de la sorte des frais extraordinaires de reliage, plâtrage, double futaille, etc., ainsi que des déchets et du coulage des transports habituels (1) ;

Les bestiaux et troupeaux dont l'approvisionnement devient de jour en jour plus difficile et insuffisant; or, il est reconnu que par les chemins de fer, les animaux voyagent sans pertes, sans souffrances, plus sains et à bien moindres frais que par les conduites ordinaires (2) ;

Les grains et farines que l'état de la navigation intérieure et la crainte d'un séjour trop prolongé dans les bateaux, forcent le plus communément à prendre la voie de terre, et qui nécessitent parfois des envois rapides, pour la consommation intérieure ou pour des expéditions au loin;

Les fruits secs du midi, les oranges, figues, etc., dont le transport par terre est fort onéreux et qui sont exposés à s'avarier lorsqu'on les expédie par eau.

La production minérale, quand bien même elle ne servirait pas habituellement à l'alimentation de la voie nouvelle, ne peut pas lui être indifférente, par le mouvement général qui se rattache à une si puissante industrie, et par l'immense intérêt qu'il peut y avoir à faciliter les approvisionnemens des deux principaux élé-

---

(1) A part l'avantage de pouvoir être expédiés promptement et *en toute saison*, les vins ordinaires du Maconnais ne quitteront peut être pas habituellement la voie peu onéreuse des caneaux ; mais le rail-way sera d'une grande ressource pour les vins fins, surtout ceux de la Côte-d'Or qui s'expédient continuellement par la voie de terre, sur Paris, sur l'est et le nord, avec des frais de transport très élevés.

(2) On pourrait en amener sur Paris une assez grande quantité de l'Yonne, de Saône-et-Loire, de la Côte-d'Or et de la Suisse. Il y a utilité évidente à favoriser une branche de commerce aussi importante, et qui tient tellement aux besoins de première nécessité.

Depuis une trentaine d'années la population a reçu un accroissement qu'on évalue à 58 pour cent, tandis que la consommation de viande de boucherie ne se serait augmentée que de 10 pour cent. En 1812 la moyenne a Paris était de 62 kilogrammes par habitant, aujourd'hui elle n'est que de 50. En Angleterre les relevés statistiques indiquent une consommation triple au moins de celle en France.

mens de toute grande exploitation, le fer et surtout la houille, dont une partie du territoire est encore privé, ou ne peut s'en procurer qu'à un prix doublé, triplé, sextuplé même par le transport.

Nous ne parlons pas non plus de divers matériaux de construction ou de fabrication, quoiqu'il puisse y avoir, pour tous ces objets, utilité réelle dans un nouveau moyen de transport de nature à mettre presque immédiatement sur le lieu de l'emploi ces matériaux indispensables et éloignés (1).

Il nous reste à tenir compte des produits de fabriques de tous genres, soieries, rouennerie, lainage, chapellerie, verrerie, poterie, etc., qui activent un si grand nombre d'établissemens dans tout le parcours de la ligne et qui, appartenant à certains lieux de fabrication comme spécialités, demandent, dans l'intérêt général et privé, des débouchés faciles. Cette observation devient bien plus forte, si on remarque la différence [de [production qui existe d'une extrémité à l'autre de la ligne, au nord. principalement, les produits de l'industrie, au midi, les produits du sol.

Enfin un article qui n'est pas sans importance, c'est celui des menues denrées et approvisionnemens de ménage, objets de consommation journalière ou de fantaisie, qui déterminent, surtout aux abords des grandes villes, un mouvement considérable et toujours croissant en raison des facilités (2).

Observons, avant de finir, que le chemin, qui, en temps ordinaire, luttera peut-être difficilement pour les denrées communes et encombrantes avec les voies navigables, suppléera celles-ci avec avantage à toutes les époques où le chômage suspend les transports, alors, souvent, que ces transports demanderaient plus de suite et de célérité; et, qu'en outre, il aura tout le mouvement ascendant que ne favorisent pas les cours d'eau naturels.

---

(1) N'est-ce pas là ce qui en Angleterre donne une si grande supériorité à l'industrie manufacturière, et a motivé un si grand nombre de chemins de fer, bien que le pays fût déjà doté des plus belles voies de communication ?

(2) Ces facilités sont prises en grande considération, non moins par les propriétaires que par les cultivateurs ; aussi influent-elles grandement sur l'accroissement de valeur des propriétés riveraines des chemins de fer.

CHAPITRE III.

VUES FINANCIÈRES.

—

Toutes les données qui précèdent, les devis consciencieux de
MM. les ingénieurs qui ont étudié les diverses parties de la ligne,
les documens divers que nous avons pu nous procurer sur un
assez grand nombre de chemins de fer, aujourd'hui en activité,
tant à l'étranger qu'en France, enfin, les nombreux et utiles renseignemens qui nous ont été obligeamment fournis par des personnes toutes spéciales, nous permettent de présenter avec quelque confiance les chiffres à l'aide desquels nous allons résumer
ici, et les frais, soit de premier établissement, soit d'exploitation,
et les produits présumés de la ligne.

Dépense sommaire de 1er établissement, de Montereau à Châlons.

Distance. . . . . 343,731 mètres.

Terrains, bâtimens, indemnités.	4,602,974
Terrassemens.	18,441,829
Travaux d'art.	10,540,835
Voie de fer.	33,862,808
Clôture, semis, plantations.	1,337,375
Stations de trois classes différentes.	2,485,000
Matériel.	7,020,000
Frais généraux de toute nature.	3.182,268
Somme à valoir pour dépenses diverses et imprévues. . .	6,816,901
Total de Montereau à Châlons.	88,289,990(1)

(1) D'après les devis de MM. les ingénieurs Polonceau, Leblanc et la Rupelle ; et
sans y comprendre les embranchemens.

La dépense pour la section de Corbeil à Montereau, d'après les moyennes du présent devis, s'élèverait approximativement à 15,710,010

Si l'on ajoute les intérêts à 4 p. °/₀ l'an, pendant trois années d'exécution, mais sur des versemens successifs, on aurait environ. 6,000,000

Total de Corbeil à Châlons. . . . 110,000,000

Distance entière 403,935 mètres, par kilom. 272,000 (1)

L'évaluation des recettes et dépenses annuelles présente un peu plus de difficultés, puisque toutes deux dépendent d'élémens variables et indéterminés, la circulation, les tarifs et les frais d'exploitation.

Frais d'exploitation.

Ces frais, qui se divisent en dépenses fixes et en dépenses proportionnelles, doivent être naturellement d'autant moins élevés que le parcours sera plus long et la circulation plus active, les dépenses fixes, c'est-à-dire celles d'administration, de personnel, de police et de matériel, restant à peu près les mêmes. Les dépenses proportionnelles, comprenant l'entretien, le personnel du mouvement, le combustible, le graissage, etc., dépendent essentiellement de la circulation, de l'organisation des services, et de l'assiette du chemin.

Nous nous sommes peu écartés, pour tous ces frais, dans le calcul des produits, pages 47, 48 et 49, des bases générales résultant des notes déjà citées A et B, pages 52 et 53.

Tarifs.

La question des tarifs est maintenant beaucoup simplifiée. A défaut d'une liberté absolue comme aux États-Unis, en dehors de toute exagération dans l'appréciation des produits, comme il est arrivé naguère en France, on accordera sans doute, comme en Angleterre, et comme on l'a fait dernièrement ici, un maximum,

---

(1) Dépense à comparer avec les indications des notes A et B, sur d'autres chemins de fer, pages 52 et 55.

qui laisse à l'administration du chemin une latitude raisonnable, et lui permette de modifier ses prix selon 'les habitudes déjà établies sur le parcours, selon les convenances nouvelles et l'intérêt bien entendu de l'exploitation, cet intérêt même étant une garantie suffisante contre toute exigence préjudiciable au public.

Nous croyons donc pouvoir proposer, pour le tarif légal, *comme maximum*, les bases suivantes, celles mêmes qui ont été déjà concédées au chemin de Paris à Rouen.

	1re classe.	2e classe.	3e classe.
Voyageurs.	12e 1/2	10 e	7 1/2 e
Marchandises.	20	18	16

Produits.

Quant à la circulation que nous considérons comme acquise au chemin de fer, nous avons constaté (page 21 et 22) le mouvement actuel par jour, et sur la ligne entière, savoir :

Voyageurs.	400
Marchandises.	85 T.

? On voit en outre (note 2, page 13) que, sur plusieurs lignes, la circulation a été plus que décuplée par les chemins de fer, et que cette augmentation (note A, page 52) est ordinairement évaluée au quadruple. Nous ne la portons d'abord ici qu'au *double* (il n'y a pas de chemin qui soit resté dans des conditions aussi peu favorables), et nous abaissons le tarif à percevoir, surtout pour les voyageurs, jusqu'à la moyenne et même au-dessous des prix adoptés sur la généralité des chemins en exploitation (1).

---

(1) Tableau sommaire des tarifs en usage sur les principaux chemins de fer :

	1re CLASSE. coupés.	MOYENNES. diligences.	DERNIÈRE CLASSE. wagons.
États-Unis.	0 12 1/2	0 10	0 07 1/2
Angleterre. . . . . {	0 22	0 13	0 07
	0 13 33	0 10	0 07 1/3
Allemagne.	0 22	0 0	0 04
Belgique.	0 10	0 06 1.4	0 05 1/2
France. { Limites extrêmes.	0 12 50	0 0	0 04 68
{ Moyennes.	0 10 25	0 08 02	0 03 93

Nous établissons ensuite les produits de la circulation portée au *triple* et au *quadruple* par le développement naturel du service et l'abaissement successif des tarifs (1).

Ces trois hypothèses présentent les résultats suivans :

Circulation doublée. — Produit brut. 14,533,089
Frais d'exploitation et amortisse'. 8,950,032

Produit net. 5,583,051
Environ.. . . . . 5 p. °/₀.

Circulation triplée. — Produit brut. 19,339,379
Frais d'exploitation et amortisse'. 11,156,477

Produit net. 8,183,902
Environ.. . . . . 7 1/3 p. °/₀.

Circulation quadruplée. —Produit brut. 23,236,746
Frais d'exploitation et amortisse'. 12,718,373

Produit. 10,518,373
Environ.. . . . . 9 1/2 °/₀ (2)

---

(1) Voir aux Annexes, pag. 47, 48 et 49, les tableaux des produits présumés de la ligne.

(2) Voici le produit net approximatif de quelques chemins pendant un certain nombre d'exercices :

De Stocton à Darlington. 15 p. °/₀.
Grand junction. . . . . 12 »
De Liverpool a Manchester. . . . . 10 »
De Londres a Birmingham.. . . . . 7 »
De Stanhope à Tyne. . . . . 5 »
De Londres à Greenwich.. . . . . 3 »
Moyenne approximative du chemin anglais. . . . . 6 »
De Berlin à Postdam. . . . . 9 »
De Francfort a Mayence. 7 »
De Magdebourg à Leipsick. . . . . 6 »

Chemin belge (suivant l'ouverture des sections). . . . . 1835 7 3/4 ⎫
                1836 10 ⎪
                1837 1 4/5 ⎬ moyenne. . 4 1/2.
                1838 1 1/4 ⎪
                1839 2 1/4 ⎪
                1840 4 ⎭

Il ne faut pas perdre de vue que le chemin belge, construit et exploité par l'état, est dans des conditions tout-à-fait exceptionnelles. Quelques sections, entreprises uniquement dans un but d'intérêt général, ne devaient pas, aux termes des avant-projets, donner plus de 1 p °/₀ de produit net. Le tarif, inférieur à tous ceux en

Ces évaluations, qui ne peuvent être considérées que comme approximatives, doivent cependant suffire pour donner une idée des résultats financiers de l'entreprise, résultats qui ne sont pas tels qu'on a voulu les envisager sous le prestige des premières illusions ou dans un simple but d'agiotage. Ils n'appartiennent pas non plus à de folles et ruineuses opérations, comme on l'a prétendu sous l'influence du découragement et de la prévention ; ils sont ce qu'on peut attendre, de belles et vastes créations, dont les élémens principaux, le travail et l'utilité, ne peuvent, avec le temps et une bonne administration, manquer d'assurer le succès.

Ils ont surtout ce caractère de nationalité qui doit déterminer le concours de l'état, lui qui, dans la question, est sans contredit le plus intéressé, puisque pour toute grande ligne, fût-elle momentanément peu productive, ou même onéreuse, il trouvera encore d'immenses avantages dans les produits accessoires, dans l'économie sur l'entretien des routes, dans la plus value des propriétés foncières, dans la mutation de ces propriétés, dans l'accroissement de circulation et de consommation de toutes choses, dans les droits de péage, dans l'appropriation des lignes à la fin des concessions, etc., sans parler de l'activité nouvelle imprimée au travail de la classe ouvrière et à de nombreuses et puissantes industries, pour la création et l'entretien du chemin.

Avantages comparatifs.

Il ne nous reste plus qu'à examiner dans quel rapport est approximativement l'économie de la voie nouvelle, en comparant les transports habituels avec le chemin de fer, dans la deuxième hypothèse, prise pour moyenne, celle de la circulation triplée, et en

---

usage, est tellement bas, que le transport des militaires se fait à raison de 1 c. 1/2 par kilomètre. Le service des marchandises, organisé sur les bases les plus larges, laisse à l'administration toute la charge des pertes et avaries. Néanmoins, le chemin couvre actuellement l'intérêt des fonds consacrés à sa construction.

Si, en Angleterre, avec des tarifs beaucoup plus élevés, et une circulation non moins active, les produits, en moyenne, ne sont pas de beaucoup supérieurs, il faut l'attribuer au luxe de premier établissement et aux trop grands frais d'administration.

mettant en regard, pour les plus longs parcours, les places ou transports qui ont le plus d'analogie (1).

Grand. dilg., coupé.... Chemin de fer,1re classe, coupé,*prix égal à peu près.*

   —   intérieur.   —   2e classe, diligences, *économie* 13 °/_o.

   —   rotonde..   —   3e classe, wagons. . . . — 22

Malle.. . . . . — 1re classe. . . . . — 20

— . . . . — 2e classe. . . . . — 47

Chaises de p. et dép. — 1re classe. . . . . — 77

Bagages par diligences. — wagons, bagages a 40 c. — 38

Marchandises, id. . . — train de voyageurs. . . . — 72

Roulage accéléré. . . . —   —   . . . . — 50

   — ordinaire.. . . — train spécial. . . . . . . — 27

Quant à la navigation, le chemin de fer serait évidemment plus cher, si toutefois les pertes d'intérêts, commissions, assurances, avaries, etc., ne compensent pas la différence, et, dans tous les rapports que nous venons d'établir reste le bénéfice de temps, qui, à part bien d'autres considérations importantes, offre aussi une économie réelle sur les frais d'hôtels, de séjour, d'entrepôt, d'emmagasinage, etc. (2).

On voit en outre dans le tableau (page 51), par la colonne des voyageurs à vitesse réduite, que le chemin de fer peut conduire à moitié prix environ des places les moins chères dans les voitures publiques, précieux avantage pour le transport des classes peu aisées et des troupes, particulièrement des militaires marchant isolément (3).

Enfin, si on pouvait traduire en chiffres exacts les avantages offerts au public par la ligne proposée, on arriverait aux résultats

---

(1) Voir, aux Annexes, les tableaux comparatifs, pag. 49, 50 et 51.

(2) Il y a encore l'avantage d'un tarif régulier, uniforme, se fractionnant pour les sections les plus petites en sommes fixes et proportionnelles ; enfin la fréquence et la certitude des convois qui permettent de partir pour ainsi dire à volonté, et affranchissent de l'obligation souvent très gênante de disposer son départ long-temps d'avance.

(3) De Paris à Lyon, dernières places dans les diligences. . . . . 44 fr.
      Voyageurs par train de marchandises,chemin de fer. 21

snivans, toujours en prenant pour bàse la circulation portée au triple.

Voyageurs Economie d'argent, envir. 40 °[o. . . . . 6,000,000)
      Economie de temps,   »   75 °[o. La valeur moye.
                                     d'une journée   } 7,875,000
                                     de   voyageur
                                     estimée à 3 fr. 1,875,000)

Marchand. Economie d'argent,   »   40 °[o. Sur le roulage seulement. 2,960,000

                         Total, par année. 10,835,000

CONCLUSION.

De tout ce qui précède, on peut conclure :

Que la ligne proposée est une des plus importantes sous les rapports commerciaux, politiques et stratégiques ;

Qu'elle est d'un immense intérêt pour les localités qu'elle desservira, et le pays tout entier ;

Que l'exécution en est facile sous les rapports d'art ;

Enfin qu'elle se présente dans les conditions les plus favorables sous le rapport de la circulation actuelle et probable.

Mais elle demande le concours franc et loyal de tous ceux qui peuvent en assurer le succès.

Les Compagnies y verront une entreprise vraiment utile, sérieuse et exigeant tous leurs efforts. Elles peuvent compter sur l'appui toujours actif et complètement désintéressé du comité central chargé jusqu'à ce jour des travaux préparatoires, et disposé à donner encore tous ses soins à l'accomplissement de cette œuvre éminemment nationale.

Les particuliers et les localités, quand il s'agira des enquêtes et plus tard des concessions de terrains, se pénétreront de cette vérité, que les intérêts individuels doivent s'effacer devant l'intérêt général, sous peine d'un ajournement indéterminé.

Les départemens intéressés, jaloux de suivre l'élan général (1), réaliseront au moins la pensée déjà émise par plusieurs conseils généraux, notamment par celui de l'Yonne, dans le but d'affranchir les concessionnaires des entraves des expropriations, en leur faisant l'apport des terrains nécessaires, aux conditions les plus avantageuses à toutes les parties.

L'État, enfin, dont l'intervention est reconnue indispensable, décidera : s'il doit la borner à celle de son crédit, par la garantie d'un minimum d'intérêt; s'il doit l'étendre à une subvention directe; enfin, si, comme il y paraît disposé, et en admettant le concours des localités, il doit prendre une part encore plus immédiate et plus active en coopérant aux travaux même de premier établissement.

Les membres du Comité central :

Mis DE LOUVOIS (président).
CORDIER.
Cte DE CHASTELLUX.
LARABIT.
MATHIEU.
MAUGUIN.
Cte DE ROCHEMUR.
SAUNAC.
VUITRY.

Adj^{ts}.

Vte DE BONDY.
B^{on} DE CHASSELOUP-LAMOTTE.
SCHNEIDER aîné.

---

(1) Sur quelques lignes en projet, notamment sur celle d'Orléans à Vierzon, les conseils généraux et municipaux ont été jusqu'à voter la garantie d'un minimum d'intérêt de 4 p. %.

ANNEXES.

TRACÉ DÉTAILLÉ DE CORBEIL A CHALONS.

—

Nous allons réunir et résumer ici, de même que nous l'avons fait précédemment pour les devis, les projets de MM. les ingénieurs qui ont étudié les diverses parties du tracé.

Nous avons déjà dit que la section déjà ouverte, de Paris à Corbeil, devait être considérée comme tête de chemin de notre ligne, et que la navigation sur le Rhône et sur la Saône permettrait peut-être d'ajourner des travaux qui n'étaient pas immédiatement indispensables (1).

PREMIÈRE PARTIE (2).

De Corbeil à Montereau.

Après Corbeil, le tracé se maintient constamment sur la rive gauche de la Seine

---

(1) Actuellement de Châlons à Lyon, 120 kilom., on met par eau. . . 8 heures.
   de Lyon à Arles,   220 —   — . . . 11

      340 kilom.   —   . . . 19 heures.

La remonte, il est vrai, exige plus du double de temps.

De Corbeil, et même de Paris à Montereau, on pourrait se servir provisoirement des bateaux à vapeur qui font tous les jours un service régulier et rapide.

On objectera peut-être les inconvéniens des changemens de véhicules ; ces inconvéniens disparaîtront en grande partie à mesure qu'on s'habituera aux voyages rapides, ainsi que cela se remarque dans tous les pays de grande et facile circulation. D'ailleurs on voit combien il y a de rapport, pour la continuité d'un service, entre des wagons et des bateaux à vapeur.

Les voitures ordinaires, ne présentant pas les mêmes avantages comme capacité et rapidité, ne sont pas aussi propres à un service mixte ; mais elles ont leur emploi spécial, pour toutes les correspondances et ramifications, ainsi que le prouve la manière dont elles se multiplient aux intersections, aux stations, à toutes les têtes de chemins des voies en fer.

Ce qui répond en partie aux observations souvent reproduites relativement au préjudice que les chemins de fer peuvent causer à quelques industries. Sans doute quelques-unes auront à en souffrir, mais ce ne sera le plus souvent qu'un déplacement, et toutes les grandes entreprises d'utilité publique n'entraînent-elles pas avec elles quelques sacrifices particuliers ?....

(2) Etude de M. Defontaines.

jusqu'à l'embouchure de l'Yonne à Montereau, sans offrir de difficultés sérieuses, sans présenter de courbes à trop petits rayons, ni de pentes excédant 2 millimètres 1|2, et sans exiger de grands travaux d'art, si ce n'est le percement *en tunel* du cap du Coudray, pour éviter un circuit de la Seine et obtenir un raccourcissement de 3000 mètres au moins, du Coudray à Saint-Fargeau.

Le chemin dessert successivement Pringy, Boissise, Melun, Samois, Thomery, Saint-Mamert, Moret, Moutarlot, Varennes et Montereau.

Il passe près du château de Rochette, du hameau de la Cave, de la ferme du Petit-Barbeau, du village d'Effaudré, et il franchit la rivière de Loing.

Du port de Valvin, il sera facile de diriger un embranchement sur Fontainebleau, à 3000 mètres de distance environ.

DEUXIÈME PARTIE (1).

De Montereau à La Roche.

On passe de la vallée de la Seine dans la vallée de l'Yonne au moyen d'un alignement droit qui coupe perpendiculairement la route de Paris à Genève entre le Petit-Fossard et Montereau.

Devant le Grand-Fossard, le chemin s'infléchit à gauche pour descendre vers le village de Cannes; au bord de l'Yonne, il oblique à droite en longeant la rivière jusqu'à l'île de Crèles, et prenant en écharpe le flanc de la montagne qui fait face à l'île.

Là commence un long alignement, traversant presqu'en ligne droite, et en plaine, entre la rivière et la route, le territoire des communes de la Brosse, Bichain, Villeneuve-Laguyard, Chaumont et Champigny, en se rapprochant cependant du coteau pour éviter les plages basses des bords de l'Yonne.

En s'éloignant de la Chapelle-Champigny, le chemin longe encore la route qu'il laisse à droite, ainsi que le village de Villemanoche; en arrivant auprès de Pont-sur-Yonne, il tourne à gauche afin de franchir a peu près d'équerre la rivière et ensuite la route départementale de Cheroy à Bray.

De là, un seul alignement, en plaine, conduit à Saint-Denis. Un deuxième alignement, un peu incliné sur le premier, mène au coude que fait l'Yonne à Sainte-Colombe; on traverse la rivière, puis on se développe dans la plaine de Saint-Martin pour atteindre la ville de Sens, à l'extrémité du faubourg, où l'on traverse sous un viaduc la route royale de Nancy à Orléans. Le chemin se dirige alors sur Paron; il suit pendant quelque temps le côteau et entre dans la plaine de Grou qu'il traverse presqu'en ligne droite.

Il passe en tranchée au village d'Éligny.

Il passe ensuite, mais sans difficultés, à Marsangis, et plus loin à Villeneuve-le-Roi, à l'extrémité du faubourg Saint-Laurent.

De là, il longe le pied du coteau sur un remblai assez élevé jusqu'à la plaine de la Maladière, qui se termine par un rameau de la montagne très prononcé et qui nécessitera une tranchée.

---

(1) Étude de M. de la Ropelle.

Après avoir franchi les différens bras du ruisseau de Saint-Julien, il traverse la route départementale de Villevallier à Courtenay.

Au-delà de Saint-Julien , au moyen de trois courbes, il suit le versant un peu tourmenté de la montagne qui sépare ce village de celui de Thènes. Au-dessous de ce dernier, un bel alignement droit conduit jusqu'à Cesy, en traversant les différens bras du Vrin.

Au-delà de Cesy, la montagne de Léchères nécessite une courbe après laquelle le tracé, presqu'en ligne droite et en plaine, passe près du faubourg de Joigny et ensuite à Champlay.

Là , on décrit un angle pour traverser la route de Paris à Chambéry et joindre le canal de Bourgogne à La Roche, après avoir franchi l'Yonne.

TROISIÈME PARTIE (1).

De La Roche à Aisy.

En sortant de la vallée de l'Yonne pour entrer dans celle de l'Armançon, le chemin se dirige entre la rivière et le canal.

De La Roche au moulin du Boutoir, au-dessus de Brienon, il suffit de cinq alignemens droits à peu près parallèles à l'axe du canal et en majeure partie sur les francs-bords. On s'en écarte sur quelques points, notamment à Brienon dont on contourne le port et dont on traverse le faubourg.

Après le moulin du Boutoir, un long alignement, de près de 12,000 mètres, passe à côté de la ferme de Crécy, franchit un coude de l'Armançon , traverse la plaine fertile de Versigny, coupe en tranchée le coteau entre la route royale n° 77 et le village de Cheu, et se retrouve en plaine et en remblai jusqu'à Jeaulges.

Ensuite, le tracé se maintient à mi-côte sur le versant qui domine l'Armançon jusqu'au moulin de Villiers-Vineux dont le coteau nécessite une tranchée.

Là, il entre dans la plaine de Villier, où il franchit successivement les ruisseaux de Sainte-Anne et de Carisey , et il arrive au hameau de Millois.

Après un passage resserré entre l'Armançon, où sont établis plusieurs moulins, et le coteau dont la pente est très rapide , il se retrouve en plaine depuis Roffey jusqu'à Tonnerre, en passant près de la chapelle Saint-Roch et du moulin de Vesinnes et se reportant ensuite sur la rive droite de la rivière, un peu au-dessus de Junay, pour éviter de traverser la ville.

En approchant de Tonnerre, un premier alignement, parallèle à l'axe du bassin du port, traverse le chemin d'Épineuil et la route royale de Paris à Genève.

Trois autres alignemens, également parallèles au canal, et partout en remblai, exigent deux fois le redressement de la rivière avant de la traverser pour se reporter sur la rive gauche.

On tourne alors, au moyen d'une courbe très développée, la montagne de Commissey qui nécessite une tranchée.

De là, on s'élève successivement pour franchir le col de Lésinnes, au moyen d'une

---

(1) Etude de M. Leblanc.

tranchée de 1,500 mètres environ ; ensuite on traverse l'Armançon et le canal pour arriver à un souterrain de 820 mètres de long, et plus loin une tranchée de 600 mètres, après laquelle on franchit de nouveau le canal et l'Armançon, avant d'arriver à Argenteuil. Une courbe de 2,000 mètres et développement raccorde le tracé avec un nouvel alignement droit, tout en plaine, d'Argenteuil à Cusy, à la hauteur d'Ancy-le-Franc. Là, il faut une tranchée de 1,500 mètres environ pour éviter un long détour et la traversée de Cusy.

Depuis le bief du moulin de Fulvy on s'élève continuellement jusqu'à Nuits, où il faut une tranchée de 2,200 mètres qu'on ne pourrait éviter qu'en traversant le village et le parc du château.

Le tracé se retrouve ensuite en plaine jusqu'à Persigny en passant à côté de la ferme de Mornay.

Le coteau de Persigny nécessite une tranchée après laquelle on se remet en plaine jusqu'à Aisy, sur un seul alignement qui passe à côté de l'Église et nécessite un redressement de l'Armançon et le déplacement du pont destiné au service des forges. Un deuxième alignement, en remblai, conduit à travers la prairie jusqu'au ruisseau de Bornant, limite des deux départemens de l'Yonne et de la Côte-d'Or, un peu plus loin que le village d'Aisy.

QUATRIÈME PARTIE (1).

D'Aizy à Dijon.

Après avoir pénétré dans le département de la Côte-d'Or, le tracé se dirige vers le village de Quincy, en se maintenant sur la rive gauche de l'Armançon, que l'on traverse deux fois dans la commune de Saint Remy, près du confluent de la Brenne, pour éviter un contour trop brusque. Vis-à-vis de Quincerot, la rivière devra être redressée ; ensuite le chemin traverse le village d'Athie en s'appuyant aux coteaux de la rive gauche ; puis il se jette sur la droite, et se développe en grandes courbes dans la belle plaine de Jeux-les-Bards, pour passer en remblai derrière le village et se remettre ensuite sur les coteaux de la rive gauche au-dessous de Cloux et de Genay.

Il franchit le ruisseau fortement encaissé de Genay, les deux branches du ravin de Cernant, vis-à-vis Millery, et plus loin il traverse en tunnel ou en viaduc, suivant la rectification adoptée, la route royale de Paris à Lyon.

Pour entrer sur la commune de Semur, le tracé est porté sur la rive droite de l'Armançon ; il traverse en tranchée le faubourg de l'Est de la ville. Pour laisser subsister les maisons de la rue Lafayette, il passe en tunnel sous cette rue, et au sortir de la ville il franchit le ruisseau de Champton.

Ensuite il se tient à mi-côte sur la droite de l'Armançon jusqu'au moulin de la Laume. Au foulon Marmillot, il traverse la rivière dont le lit est fortement resserré entre les roches des deux rives, et il entre dans le cap par une tranchée assez profonde.

De là jusqu'au moulin Marcenot, il suit les coteaux escarpés de la rive gauche ;

---

(1) Étude de M. Polonceau.

il passe en tranchée derrière Saumaise et atteint le moulin sur un remblai assez élevé, après un redressement de l'Armançon. Il rentre ensuite en tranchée pour passer derrière Pont qu'il laisse à gauche.

De ce point au moulin de la Ronce, il traverse six fois l'Armançon en coupant les caps de roches granitiques, soit par des tranchées, soit par des percemens de peu d'étendue.

Après le moulin, il se tient sur la rive gauche, tantôt en remblai, tantôt en déblai, jusqu'à la limite des communes de Flée et de Montigny où on traverse l'Armançon ; on le traverse encore deux fois avant d'arriver à ce dernier village et une fois au village même, près du pont actuel. On se maintient alors sur la rive gauche jusqu'à Briancey, où l'on traverse deux autres fois la rivière en passant derrière le moulin.

Avant d'arriver à la route royale d'Avallon à Combeau-Fontaine, afin de rester sur la même rive, il sera fait un redressement de l'Armançon, et après avoir passé derrière le moulin d'Ancey-sous-Marcigny, on franchit encore la rivière.

De là on se tient sur la rive droite en redressant une fois l'Armançon que l'on traverse sous Clamercy, puis sous Normier, puis à la limite des communes de Saint-Thibaud et de Verchisy.

Alors, on ne quitte plus la rive droite ; on passe sous Gissey-le-Vieil et on arrive à Eguilly dont on traverse la rue principale entre l'église et le château.

Après Eguilly, le tracé s'infléchit à droite jusque sous le réservoir de Cercey où il traverse les sources de l'Armançon. Il contourne le hameau et se dirige vers Thoisy-le-désert ; puis il tourne la butte de Moron et s'infléchit encore à droite, de manière à suivre presque parallèlement l'axe du souterrain de Pouilly ou le canal à son point de partage. Le chemin traverse le village même situé sur le sommet de la chaîne centrale entre les sources très rapprochées de l'Armançon et de l'Ouche.

Là se trouve un pallier horizontal de 300 mètres environ, qui est le point culminant de la ligne entière, et le point de partage entre les deux versans de l'Océan et de la Méditerrannée.

Pour franchir ce faîte, en profitant d'un abaissement subit, dans la gorge profonde de l'Ouche, à 120 mètres au-dessous du niveau du seuil de Sombernon, il suffira d'une tranchée à ciel ouvert, de 14 mètres de profondeur *maxima* sur une longueur d'environ 3,500 mètres.

De là, le tracé incline légèrement à droite en passant un peu au-dessus de la fabrique de ciment de Creancey. Il coupe la route de Semur à Beaune, à peu de distance du point d'intersection de cette route avec le souterrain, et se maintient entre cette route et le canal, en se rapprochant de la rigole qui amène les eaux des deux réservoirs du Tillot et de Chasilly.

Il traverse en remblai le village d'Ecommes et entre ensuite en tranchée jusqu'à peu de distance de la traversée de la route de Dijon à Autun. Là il rencontre, pour la deuxième fois, la rigole que l'on fera passer sous le chemin, au moyen d'un siphon.

Après avoir franchi le ruisseau de Tillot et le vallon de Sainte-Sabine, le tracé se porte à gauche et entre dans le coteau pour se rapprocher du canal dont il s'était écarté depuis Ecommes. Il contourne la haute colline entre Sainte-Sabine et Crugey, en se maintenant à mi-côte jusqu'au vallon de Chaudenay, et il arrive au remblai à Crugey, dont il touche les maisons, après avoir traversé le ruisseau de Creancey.

De là, il tourne à gauche pour traverser le canal, et s'infléchissant à droite, il longe le coteau jusqu'à Froidenette vis-à-vis Pont-d'Ouche, où il incline fortement à gauche pour suivre la vallée étroite et profonde de l'Ouche.

Il passe derrière Veuvey, et, en côtoyant la rivière qui devra être redressée sur deux points, il atteint, par une courbe assez prononcée et une courte tranchée dans les rochers, la forge de la Bussière, après avoir traversé deux fois un petit bras de l'Ouche.

Il passe derrière le hameau de la Farge, devant celui de la Serrée, et près de celui d'Auvillard.

Ici finit la pente de 4 millimètres qui se continue sans interruption depuis le seuil de Pouilly.

Le tracé arrive ensuite devant Gissey, en se maintenant sur la rive gauche au moyen de deux redressemens de l'Ouche, et après avoir franchi le ruisseau d'Agey, il se développe dans la plaine de Sainte-Marie, où il y aura un redressement et deux traversées de la rivière.

A Sainte-Marie, il coupe les dernières maisons et le coteau escarpé qui précède le village. Il redescend ensuite près de l'Ouche qui nécessite un redressement vis-à-vis le moulin à plâtre ; et là il entre en tranchée dans le cap sinueux qui précède Pont-de-Pany,

Depuis ce village jusqu'à l'entrée de Dijon, il suit constamment le fond de la vallée en touchant au moulin de Marcueil, au hameau de la Violette vis-à-vis Fleurey, à Vélar où l'on entame quelques habitations peu importantes, à Plombières où l'on coupe seulement un jardin, au moulin de Chevremorte, et enfin à quelques maisons de peu de valeur du faubourg de Dijon, dans la plaine des Chartreux, près du jardin Botanique. Dans ce trajet, on redresse quatre fois et on traverse aussi quatre fois la rivière.

Après avoir passé en viaduc le chemin de ronde, le tracé se dirige vers les remparts, dont il atteint le niveau au moyen d'une rampe dont la pente, assez forte, est cependant sans inconvéniens, en ce qu'elle se trouve au point d'arrivée. Il gagne ainsi la demi-lune de l'Arquebuse près la porte Guillaume.

C'est dans cette demi-lune et les terrains vagues qui l'avoisinent que sera située la grande station centrale, avec ateliers de construction, de réparations, etc.

CINQUIÈME PARTIE (1).

De Dijon à Châlons.

De la porte Guillaume à la porte d'Ouche, le tracé suit les remparts qui ont généralement assez de largeur pour que, outre la double voie de chemin de fer, il y ait encore l'espace nécessaire à la circulation des piétons.

Après avoir passé au-dessus de la porte d'Ouche, et de la route royale de Paris à Genève, il s'infléchit à gauche avec la ligne des anciennes fortifications qu'il quitte vers la demi-lune en face de l'école des frères.

---

(1) Etude de M. Polonceau.

Aux environs même de la grande station, il y aura toutes facilités pour faire le raccordement du chemin de Mulhouse.

En quittant les remparts, le tracé traverse la petite rivière de Suzon et le chemin de ronde; il se porte ensuite, en passant près du moulin de Saint-Étienne et des blanchisseries, vers la pointe du Parc, qu'il touche sans l'entamer en le laissant à gauche. Immédiatement après, il traverse le canal près de l'écluse n° 21, et là il rencontre l'ancienne voie romaine de Châlons à Langres; il laisse à gauche le château de Beauregard, traverse une deuxième fois la voie romaine, passe à la tête de l'ancien étang de Satenay, près la ferme de Pontot, laisse à gauche le village de Saint-Philibert, traverse la Vougeot entre Gilly-les-Cîteaux et le village de Vougeot, en se rapprochant de la route royale dont il n'est plus qu'à 250 mètres, à la hauteur de Vosnes; il passe la Borneu au moulin de Beaudoin, entre en tranchée vis-à-vis le château de la Bergère, en s'écartant un peu de la route, et arrive sur le territoire de Nuits, pour passer près du moulin Chaudot.

Il franchit, à Nuits, le Meuzin, plus loin le ruisseau de Buffinoire; il longe le village de Prémeaux, laisse à droite Comblanchien et entre en tranchée depuis Corgoloin jusqu'à Buisson; il traverse le ruisseau de la Lauve entre Serrigny et la Doix, à 200 mètres de la route, qu'il longe sur le territoire de Chorey et de Gigery où il traverse le Corderoin, et il incline à gauche pour contourner la ville de Beaune.

La station sera établie vers le faubourg de la Madelaine, à 100 mètres de distance de la croisière des routes de Seurre et de Verdun que le tracé coupe par un remblai, au moyen duquel il franchit la Bouzoise.

Après Beaune, un bel alignement droit ramène le chemin vers la route royale en franchissant le ruisseau d'Avant-d'Heune, entre Pommard et Bligny, et la joint presque en entrant sur le territoire de Meursault; il lui reste parallèle jusqu'à Puligny et la traverse, en tunnel, 500 mètres avant Corpeau, pour franchir la vallée de la d'Heune, au-dessus de Chagny.

Le remblai commence à 125 mètres avant la limite des deux départemens, et en décrivant une courbe allongée, traverse la rivière et bientôt après la route départementale de Chagny à Montcenil.

Là, on entre en tranchée dans la pointe du coteau qui contourne le canal du Centre, et on passe en tunnel au-dessous du canal que l'on cotoie de fort près en le laissant à gauche, jusqu'à la fin de la tranchée qui se continue, après la traversée de la route de Chagny à Châlons, jusques dans la direction de Rully.

Il sera nécessaire de reporter sur l'autre rive les deux gares récemment établies, pour le croisement des bateaux, sur le canal qui n'est, sur ce point, qu'à une voie.

Après la tranchée, le tracé se développe en grandes courbes sur les coteaux de la rive droite, en franchissant la Thalie au-dessous de Rully, et plus loin le Pasquier.

Il traverse d'abord le village de Fontaines et ensuite Farges qu'il coupe au milieu des habitations à 200 mètres du château; puis il s'infléchit à droite, traverse le ruisseau de Farges, passe à Corcelles, traverse en tunnel la route de Châlons à Autun, et se tient sur les coteaux à droite de la vallée jusques dans la direction de Châlons.

Il tourne alors à gauche sur le territoire de Saint-Cosme pour arriver à Châlons et se raccorder avec la ligne qui viendra un jour de Lyon.

L'entrée dans la ville de Châlons se fait parallèlement à la route d'Autun; on traverse le port du canal, le bassin dit du Milieu, celui de l'Obélisque, et on s'arrête sur la place du même nom, là où sera établie la station.

Embranchement d'Auxerre (1).

Trois grands alignemens droits suffisent pour établir l'embranchement d'Auxerre, en passant par les communes de Bonnart, Beaumont, Chemilly, Gurgy et Monéteau, presque parallèlement au cours de l'Yonne.

Dans tout ce parcours, aucun autre obstacle un peu sérieux que la colline de l'Éteau qu'il faut passer en tranchée.

Le chemin se détache de la ligne principale vis-à-vis La Roche, au-dessous de l'embouchure de l'Armançon et aboutit à Auxerre, à l'angle des routes royales de Paris à Chambéry, et de Nevers à Sedan.

Embranchement de Troyes (2).

Cet embranchement part de Saint-Florentin sur l'Armançon, à 18 kilomètres au-dessus de La Roche.

Le tracé remonte le vallon de l'Armançon jusques près de sa source, en longeant la rive gauche et passant à Germigny, la Chaussée, les Croûtes, Chessy, Davray et Avreuil, où il traverse la rivière pour prendre la petite gorge de la Trémagne qu'il suit jusqu'au dessous de Saint-Phal, où il passe le ruisseau du même nom, avant de franchir en tranchée le seuil peu élevé qui sépare le bassin de l'Armançon de celui de la Seine.

Le chemin descend ensuite par le vallon de la Mogue, où il rencontre les villages de Villeneuve, Juigny, Pommereau, Canilly, Villy ; puis, traversant en grandes courbes la plaine comprise entre les ruisseaux de la Mogue et de la Séronne, après avoir touché au village de Vireloup, il traverse la Mogue vis-à-vis et au-dessous de l'île Aumont. Il longe la rive gauche de l'Hozaine et se dirige par deux grands alignemens sur Troyes, où l'on arrive par le faubourg Croncels, après avoir passé à l'ouest et à proximité de Saint-Julien.

Toute cette section est dans les conditions les plus favorables sous le rapport des courbes, du nivellement, des terrassemens, des ouvrages d'art, etc.

Embranchement d'Autun.

La ligne aujourd'hui en activité, de Pont-d'Ouche à Épinac, sur une longueur de 28 kil., serait améliorée et continuée jusqu'à Autun, par un prolongement de 16 kil., dont les travaux seraient d'une exécution facile.

Dès que ce tracé sera définitivement adopté, il y aura encore à faire, sur l'établissement des stations, un travail important, pour lequel les administrations locales, notamment dans le département de l'Yonne, nous ont procuré de nombreux et précieux documens.

----

(1) Étude de M. de la Rupelle.
(2) Étude de M. Polonceau.

RÉSUMÉS STATISTIQUES (1).

Départemens traversés.

DÉPARTEMENS.	Population en 1836.	TERRITOIRE. Cadastre 1835.	REVENU foncier.	EXPLOITATIONS industrielles.	Contributions en 1837.	VOIES DE COMMUNICATION.			FINANCES 1836.		PRODUCTION AGRICOLE.	
						NOMBRE.	ROUTES royales et départe- mentales.	NAVIGA- TION.	RECETTES totales.	DÉPENSES totales.	VALEUR totale.	CONSOMMA- TION.
		hect.	fr.		fr.		mètres.	mètres.	fr.	fr.	fr.	fr.
Seine-et-Marne...	325,881	563,482	25,421,000	1,168	3,840,585	36	1,085,721	360,324	1,415,242	1,348,497	77,798,240	36,171,040
Yonne..........	355,237	728,747	17,520,000	2,300	2,588,195	25	975,352	248,039	1,365,085	1,277,495	58,628,807	29,300,000
Côte-d'Or.......	385,624	856,445	25,000,000	952	3,824,166	24	1,290,395	218,663	2,777,776	2,230,903	78,645,439	35,767,089
Saône-et-Loire....	538,507	856,472	25,145,752	1,592	3,671,752	29	1,340,418	421,952	1,908,829	1,673,240	71,154,920	38,540,050
Ain	346,188	592,081	16,353,000	1,228	1,772,466	22	822,573	262,975	945,704	682,839	42,325,318	21,502,815
Rhône..........	482,024	279,081	21,353,000	1,246	4,491,417	14	465,288	122,125	4,517,701	4,507,828	42,600,093	37,499,934
Aube..........	253,870	609,100 36	12,589,000	687	2,053,230	13	657,955	55,382	1,112,468	1,070,563	45,707,602	27,419,351
Total (2).. 7	2,687,311	4,485,901 36	143,104,752	9,173	20,951,811	163	6,637,602	1,689,460	14,042,805	12,791,365	417,260,419	226,200,279

(1) D'après les renseignemens fournis par les administrations locales, ou les documens publiés par le ministère des travaux publics, de l'agriculture, du commerce, etc.

(2) Le département de la Seine excepté.

44

VILLES TRAVERSÉES.

		Nombre.	Population.
Ligne principale.	Paris, pour mémoire.		
	Corbeil. 3,708		
	Essonne. 3,063		
	Melun. 6,622		
	Moret. 1,655		
	Montereau. 4,153		
	Pont-sur-Yonne. 1,780		
	Sens. 9,267		
	Villeneuve-le-Roi. 5,199		
	St-Julien-du-Sault. 2,344		
	Joigny. 5,494		
	Brienon. 2,678		
	Tonnerre. 4,271		
	Ancy-le-Franc. 1,414		
	Semur. 4,035		
	Pouilly. 1,100		
	Dijon. 24,822		
	Nuits. 3,058	34	162,707
	Beaune. 10,680		
	Meursault. 2,106		
	Chagny. 3,107		
	Châlons. 12,400		
	Varennes. 1,538		
	Sennecy. 2,585		
	Tournus. 5,407		
	Pont-de-Vaux. 3,140		
	Macon. 11,944		
	Toissey. 1,628		
	Lachapelle. 1,930		
	Romanèche. 2,343		
	Belleville. 2,436		
	Villefranche. 7,553		
	Anse. 1,661		
	Neuville. 1,476		
	Vaize. 6,110		
	Lyon, pour mémoire.		
Embranchemens..	De Troyes { St-Florentin. . . . 2,777		
	{ Ervy. 1,755		
	{ Troyes. 25,595	6	53,692
	D'Auxerre. 12,000		
	D'Autun.. { Épinac. 1,630		
	{ Autun. 10,435		

COMMUNES RURALES TRAVERSÉES.

		Nombre.	Population.
Ligne principale.		195	85,782
Embranchemens	{ de Troyes.	24	14,596
	{ d'Auxerre.	9	4,631
	{ d'Autun.	14	7,335
		281	328,742

COMMUNES RURALES INTÉRESSÉES.

(Zône de 20 à 30 kilom.). (1)

		Nombre.	Population.
Ligne principale.		875	545,474
Embranchemens.	Troyes.	147	82,957
	Auxerre.	246	148,339
	Autun.	155	94,425
		1,423	871,195

VILLES PRINCIPALES INTÉRESSÉES.

Total (2). 164 3,204,101

DÉPARTEMENS INTÉRESSÉS (3).

Seine.	1,106,891	Report.	11,085,552
Seine-et-Oise.	448,180		
Seine-Inférieure.	693,683	Hautes-Alpes.	131,162
Eure.	426,662	Rhône.	482,024
Orne.	443,688	Nièvre.	297,550
Oise.	398,790	Loire.	412,497
Aisne.	527,095	Haute-Loire.	295,384
Somme.	552,706	Haute-Vienne.	293,011
Nord.	1,026,417	Creuse.	276,234
Pas-de-Calais.	664,654	Charente.	365,126
Seine-et-Marne.	325,881	Isère.	573,645
Aube.	253,870	Ardèche.	353,752
Yonne.	355,237	Drôme.	305,479
Marne.	345,245	Gard.	366,259
Meurthe.	424,366	Lozère.	141,733
Meuse.	317,701	Aveyron.	370,951
Haute-Marne.	255,969	Tarn.	346,616
Moselle.	427,270	Tarn-et-Garonne.	242,184
Côte-d'Or.	385,624	Lot.	287,003
Vosges.	411,034	Cantal.	262,117
Ardennes.	306,861	Puy-de-Dôme.	589,438
Saône-et-Loire.	538,507	Gironde.	555,809
Haute-Saône.	343,298	Haute-Garonne.	459,727
Doubs.	276,274	Hérault.	357,876
Jura.	315,355	Vaucluse.	266,071
Haut-Rhin.	447,019	Bouches-du-Rhône.	362,325
Bas-Rhin.	561,859	Var.	323,404
Ain.	346,188	Aude.	281,088
Basses-Alpes.	159,045	Pyrénées-Orientales.	323,404
A reporter.	11,085,552	Total 56.	20,406,421

(1) Sans y comprendre les communes traversées.

(2) Y compris les villes traversées et en admettant l'entier développement des lignes indiquées page 4, avec leurs principaux débouchés, page 46.

(3) Même observation que ci-dessus.

PRINCIPAUX DÉBOUCHÉS (1).

De Paris	à	Rouen.	} vers l'Océan.
—	à	Evreux.	
—	à	Le Havre.	
—	à	Valenciennes.	} la Belgique.
—	à	Lille.	
—	à	Dunkerque.	} l'Océan.
—	à	Calais.	
—	à	Boulogne.	
De Troyes	à	Chaumont.	} les départemens de l'Est.
—	à	Châlons-sur-Marne.	
—	à	Bar-le-Duc.	
D'Auxerre	à	Autun.	} bassin de la Loire.
—	à	Nevers.	
De Dijon	à	Mulhouse.	} la Suisse, l'Alsace, les prov. Rhénanes, la Prusse, la Belgique.
—	à	Strasbourg.	
—	à	Metz.	
—	à	Verdun.	
—	à	Mézières.	
—	à	Besançon.	} la Suisse, le Piémont, l'Italie.
—	à	Pontarlier.	
De Châlons	à	Lons-le-Saulnier.	la Suisse.
De Macon	à	Nantua.	la Sardaigne.
De Lyon	à	Chambéry.	} la Savoie.
—	à	Grenoble.	
—	à	Avignon.	} la Méditerranée.
—	à	Marseille.	
—	à	Toulon.	
—	à	Nismes.	} la mer et l'Espagne.
—	à	Montpellier.	
—	à	Perpignan.	
—	à	Le Puy.	} le midi de la France.
—	à	Toulouse.	
—	à	Clermont.	
—	à	Limoges.	
—	à	Bordeaux.	

______

(1) Voir pages 4 et 11.

PRODUITS PRÉSUMÉS DE CORBEIL A CHALONS.

Longueur totale 403,935 mètres.—Dépense d'établissement 110,000,000.

CIRCULATION DOUBLÉE.

Tarif et répartition des places.		Moyenne par k.	Service par jour.	
1re classe. Coupé...	1/20 à 0 12 1/2		Convois de voyageurs	8
2e » Diligen..	5/20 0 08 1/2(1)	Voyageurs. 0 07 1/3(2)		
3e » Wagons. 14/20	0 06 1/2		Id. spéciaux, de marchandises.....	2
1re classe	0 18	Marchandes. 0 16		
2e »	0 15		Total par jour.......	10

		Par jour.	Par an.	Moyenne par k.		Sommes.	
PRODUITS BRUTS.	Voyageurs. 800		292,000	0 07 1/3		8,691,666	
	Marchan- { 1re cl. 80 } 170 T. dises. { 2e » 90 }		62,050	{ 0 18 { 0 15	2,122,424 1,990,710 } 4,153,134		14,533,029
	Transps. divers.	Voitures.......... 1,460		0 25	17,695	} 1,492,295	
		Bestiaux ou têtes rap. au bœuf........ 8,760		0 15	530,856		
		Bagages en sus de 15 kil. par voyageur. 5,840 T.		0 40	913,744		
	Voyageurs par tr. de march., 40. 14,600			0 04	....	235,936	
FRAIS D'EXPLOIT.	Voyageurs à 54 p. °/o du pr. br., soit. 0 04(3)					4,718,720	
	Marchandises à { 58 p. °/o.......... 0 10 1/2(4) { 52 p. °/o.......... 0 07 1/4				1,238,664 } 2,267,197 1,028,533		7,850,032 (5) (54 p. °/o.)
	Transports divers 50 p. °/o......................					746,147	
	Voyag. par trans. de marchandises 50 p. °/o......................					117,963	

Reste.......	6,682,997
1 p. °/o d'amortissement..	1,100,000
Produit net	5,582,997
Environ	5 p. °/o.

(1) Cette moyenne du tarif à percevoir qui donne l'avantage au chemin de fer sur presque tous les autres modes de transport, (comme l'indique le Tableau pages 50 et 51), ne semblera pas trop élevée pour une longue ligne, comparativement aux prix même un peu inférieurs de quelques-unes de nos petites lignes, notamment de celles qui avoisinent la capitale, qui sont forcées de descendre aux prix habituels abaissés par la concurrence.

(2) La pratique fait connaître la proportion dans laquelle se répartissent à peu près les places occupées; il en résulte une moyenne, pour les calculs, nécessairement inférieure à celle du tarif. Mais, sur un long parcours, cette moyenne doit être relevée par la répartition des voyageurs qui se portent moins vers les dernières places.

(3) Ce chiffre est celui indiqué par M. Bineau (note, page 52). Sur la plupart de nos petites lignes en exploitation régulière, il ne semble pas devoir être atteint. En Belgique, pour les six derniers exercices, bien que le chemin n'offrit encore que des sections plus ou moins complètes et continues, cette dépense est restée dans les limites de 2 à 5 cent.

(4) M. Bineau (note, page 52) établit approximativement cette dépense à 10 cent. Nous l'élevons un peu pour les convois ordinaires, mais nous la diminuons pour les convois spéciaux, marchant à charge pleine et à une vitesse réduite. Sur la ligne de la Loire, d'Andrezieux à Roanne, elle est évaluée à 0-07 2/10es.

(5) C'est à peu près le rapport présenté dans le compte-rendu du chemin belge.

CIRCULATION TRIPLÉE.

Tarif et répartition.		Moyenne.	Service.
1re classe........	1/20 à 0 12	Voyageurs. 0 06 1/2(1)	Convois de voyageurs 12
2e classe........	5/20 0 07 3/4		
3e classe........14/20	0 05 3/4		Id. spéciaux de mar-
1re classe........	0 17	Marchandes. 0 15	chandises..... 4
2e classe........	0 14		Total par jour. 16

		Par jour.	Par an.	Moyenne.	Sommes.	
Prod. bruts.	Voyageurs..................	1,200	430,000	0 06 1/2	11,501,880	
	Marchandises	255 T.	93,075	0 15	5,640,345	19,339,379
	Transports divers, 1/4 en sus...........................				1,865,369	
	Voyageurs, petite vitesse....	60	21,900	0 03 3/4	331,785	

Frais réduits à 52 p. °/o (2) du produit brut................................ 10,056,477

9,282,902

Amortissement.... 1,100,000

8,182,902

Environ.......... 7 1/3 °/o.

CIRCULATION QUADRUPLÉE.

Tarif et répartition.		Moyenne.	Service.
1re classe........ ...	1/20 à 0 11	Voyageurs.. 0 05 3/4	Convois voyageurs. . 16
2e classe...........	5/20 0 07		
3e classe...........	14/20 0 05		Id. spéciaux de mar-
1re classe........	0 16	Marchandses. 0 14	chandises.... 6
2e classe........	0 13		Total par jour...... 22

		Par jour.	Par an.	Moyenne.	Sommes.	
Prod. bruts.	Voyageurs.	1,600	584,000	0 05 3/4	13,566,320	
	Marchandises	340 T.	124,000	0 14	7,019,096	23,236,746
	Transports divers, 1/2 en sus.....				2,238,442	
	Voyageurs, petite vitesse.....	80	29,200	0 03 1/2	412,888	

Frais réduits à 50 p. °/o 11,618,373

11,618,373

Amortissement.... 1,100,000

10,618,373

Environ.......... 9 1/2 °/o.

(1) Le tarif étant abaissé, la circulation augmente, au profit surtout des places moyennes. Cependant nous maintenons notre première répartition.

(2) La circulation étant accrue les frais généraux diminuent proportionnellement.

Nota. — En établissant le calcul par convoi et par kilomètre, nous arriverions encore à peu près aux mêmes résultats.

Convoi ordinaire, vitesse de 30 à 40 kilom. à l'heure.

3 wagons de voyageurs à 20, sur 30 à 40 places, ensemble 100. . . .	à 0 07 1/5	. . .	7 50
1 » bagages à 2 T. 1/2 la 1/2 T. pour les voyageurs, reste 2 T. en sus	à 0 40	. . .	0 80
4 » marchandises première classe, à 2 T. 1 2, ensemble, 10	à 0 18	. . .	1 80
0 1/2 » pour voitures, chaises, etc.	à 0 25	. . .	0 25
0 1/2 » pour bestiaux, à six bœufs ou l'équivalent par wagon, trois têtes.	à 0 15	. . .	0 45

11 wagons. Produit brut par convoi. **10 60**

Convoi spécial de marchandises. Vitesse réduite de 1/3 environ.

15 wagons marchandises 2e classe, à 3 T., ensemble 45 T..	à 0 15	. . .	6 75
1 » voyageurs, 20.	à 0 04	. . .	0 80

16 wagons. **7 55**

RÉCAPITULATION, CIRCULATION DOUBLÉE.

		Par jour.	Par an.	Parcours.	Produit par k.	Produit total.
Produit brut {	Convois ordinaires.	8	2,900	1,179,680	10 60	12,504,608 } 14,186,476
	Id. spéciaux. .	2	750	224,220	7 55	1,681,868 }

Frais d'exploitation, à raison de 5-45 par convoi et par kil., soit 54 p. °/₀ du produit brut. 7,660,497

Reste. 6,525,979

Les frais ci-dessus d'exploitation, dans le rapport sur le chemin belge, ressortent à 5-50 au plus en moyenne; ils sont rarement évalués à plus de 4-50 sur d'autres lignes. Nous les portons ici à 5-45, en ayant égard aux convois incomplets ou retours à vide, qui, toutefois et dans notre première hypothèse, celle de la circulation doublée seulement, seront peu fréquens, soit dans un sens, soit dans un autre.

TABLEAU COMPARATIF SOUS LE RAPPORT DU TEMPS.

PARCOURS.	NAVIGA-TION.	ROULAGE.		DILIGEN. 8 kilom. à l'heure.	POSTE [1]. 12 kilom. à l'heure.	CH. DE FER. 35 kilom. à l'heure.
		Ordinaire.	Accéléré.			
	mois.	Jours.	Jours.	heures.	heures.	heures.
De Paris à Lyon. . . .	2	18	7	54	36	16
De Paris à Châlons..	»	15	6	40	24	11
De Paris à Dijon . . .	»	13	5	37	23	10
De Dijon à Châlons..	»	»	»	8 1/2	»	2
De Dijon à Beaune..	»	»	»	4 1/2	»	1
De Beaune à Châlons.	»	»	»	4	»	» 3/4
De Paris à Troyes ..	»	»	»	»	12	6
De Paris à Auxerre.	»	»	»	20	11	5
De Paris à Sens. . . .	»	»	»	13	8	3 1/2

(1) Cette colonne se rapporte seulement aux malles-postes; pour les chaises, on doit compter près d'un quart en sus.

Parcours.	NAVIGATION.	ROULAGE.		POSTE.		DILIGENCES.			
		Ordinaire	Accéléré.	Malle-Poste.	Chaises dépêches.	Coupé.	Intérieur.	Rotonde.	Marchandises.
		par kil. 0,23	0,40	0,18	0 64	0,12 2/3	0,11	0,09 1/2	0,63
		fr. c.	fr. c.	fr. c.	fr. c.	fr. c.	fr. c.	fr. c.	fr. c.
De Paris à Lyon.....	30 Bourg. 40 Loire.	100 »	180 »	84 »	300 »	60 »	52 »	44 »	300 »
De Paris à Châlons...		85 »	150 »	62 »	» »	52 »	44 »	32 »	300 »
De Paris à Dijon.....		75 »	150 »	56 »	» »	44 »	36 »	24 »	250 »
De Dijon à Châlons...		18 »	» »	» »	» »	6 »	5 »	4 »	» »
De Dijon à Beaune...		10 »	» »	» »	» »	3 »	2 50	2 »	» »
De Beaune à Châlons..		12 »	» »	» »	» »	3 »	2 50	2 »	» »
De Paris à Troyes....		» »	» »	29 »	» »	» »	17 »	» »	» »
De Paris à Auxerre..		» »	» »	31 »	» »	16 »	14 »	12 »	100 »
De Paris à Sens.....		» »	» »	20 »	» »	14 »	13 »	11 »	» »
De Beaune à Paris (1 p. de vin de 250 litres).		20 »	» »	» »	» »	» »	» »	» »	» »

NOTA. — Pour ne pas trop étendre le Tableau on a négligé dans les tarifs du chemin les colonnes de la deuxième, prise pour moyenne.

SOUS LE RAPPORT DES PRIX.

CHEMIN DE FER.											
Première hypothèse.			Deuxième hypothèse.						Troisième hypothèse.		
2e classe, diligences.	3e classe, wagons.	Marchandises.	1re classe, coupé.	2e classe, diligences.	3e classe, wagons.	MARCHANDISES. Train de voyageurs.	Train spécial.	Voyageurs, train de marchandises.	2e classe, diligences.	3e classe, wagons.	Marchandises.
0,08 1/2	0,06 1/2	0,16	0,12	0,07 3/4	0,05 3/4	0,17	0,14	0,03 3/4	0,07	0,05	0,14
fr. c.	fr. c.	fr. c.	fr. c.	fr. c.	fr. c.	fr. c.	fr. c.	fr. c.	fr. c.	fr. c.	fr. c.
49 »	37 »	92 »	69 »	44 »	33 »	98 »	80 »	21 »	40 »	29 »	80 »
37 »	28 »	69 »	52 »	34 »	25 »	74 »	61 »	16 »	30 »	22 »	61 »
31 »	23 »	58 »	43 »	28 »	21 »	61 »	51 »	13 »	25 »	18 »	51 »
6 20	4 75	11 70	8 75	5 63	4 20	12 »	10 »	» »	5 10	3 65	10 20
6 30	2 50	7 »	4 70	3 »	2 »	6 50	5 50	» »	2 70	2 »	5 45
3 »	2 20	4 85	4 »	2 65	1 95	5 80	4 75	» »	2 60	1 85	4 75
19 »	15 »	» »	» »	17 45	13 »	» »	» »	» »	15 75	11 25	» »
16 »	12 »	30 »	» »	14 20	10 70	» »	» »	» »	13 »	9 30	» »
» »	» »	» »	» »	10 »	8 »	» »	» »	» »	» »	» »	» »
» »	» »	16 »	» »	» »	» »	» »	14 »	» »	» »	» »	» »

de fer plusieurs articles, et on n'a point reproduit, dans les trois hypothèses, toutes

NOTE A.

Dans un ouvrage du plus haut intérêt publié récemment sur les chemins de fer d'Angleterre, par M. Bineau, ingénieur en chef des mines, on lit :

« Nous avons vu qu'en Belgique et sur les lignes les mieux situées d'Angleterre, la circulation journalière est équivalente à celle de 1,000 à 1,200 voyageurs parcourant toute la ligne . . . . Nous avons vu aussi que l'effet immédiat du chemin de fer a été le plus souvent de quadrupler au moins la circulation ; d'après cela, et eu égard à la circulation actuelle sur nos principales routes, on peut admettre que la moyenne de la circulation sur les lignes de fer qui viendraient les remplacer atteindrait presque immédiatement, après leur exécution, le développement journalier de 500 à 600 voyageurs parcourant toute la distance, soit 500 à 600 par jour et par kilomètre, soit en nombre rond 200,000 voyageurs par an et par kilomètre (page 424).

» Si on veut par prévision approximative . . . . une moyenne générale applicable à l'ensemble des grandes lignes à construire en France, on peut, pour les frais d'établissement, fixer cette moyenne à 500,000 francs par kilomètre de double voie. (page 441).

» On peut aussi, eu égard aux prix en France des matériaux et de la main-d'œuvre, à la circulation probable, et aux conditions de l'exploitation, fixer par approximation les frais d'exploitation à 4 centimes par voyageur transporté à un kilomètre, avec une vitesse de 30 à 40 kilomètres à l'heure (page 596).

» Quant aux marchandises, il est plus difficile d'établir avec quelque précision les frais auxquels donnera lieu leur transport ; toutefois en considérant seulement la vitesse de 20 à 25 kilomètres, qui ne devra être atteinte que dans le cas où une vitesse moindre encombrerait la route, on peut admettre que les frais de transport seulement, sans y joindre les frais de manipulation et de magasinage, seront de 10 centimes par tonne transportée à un kilomètre (page 597).

» D'après cela, considérant une ligne située dans des conditions moyennes, cette ligne, dont l'établissement coûtera 500,000 fr. par kilomètre, dont l'exploitation se fera à raison de 4 centimes par voyageur et par kilomètre, et dont la circulation sera de 200,000 voyageurs, aura besoin de percevoir un prix moyen de 10 centimes par voyageur et par kilomètre. Ce prix diminué de 4 centimes laissera un produit net de 6 centimes qui, pour les 200,000 voyageurs de circulation annuelle, donneront un produit net de 12,000 francs par an et par kilomètre, soit 4 pour cent des frais d'établissement. Ceci est pour les voyageurs seulement ; le transport des marchandises et tous les produits accessoires comme, transport de dépêches, paquets, voitures, viendront accroître ce revenu, et l'élever sans doute immédiatement à 5 ou 6 pour cent, ce qui sera suffisant pour le commencement de l'exploitation, attendu l'accroissement qu'apportera nécessairement chaque année. »

NOTE B.

Le rapport déjà cité du ministre des travaux publics aux chambres législatives, sur l'exploitation du chemin belge, nous donne aussi de précieux renseignemens :

Par la loi du 20 juin 1840, le chiffre total du coût d'établissement du chemin comprenant une étendue de 113 lieues a été fixé à 123,664,707 francs, somme reconnue suffisante et qui donne pour moyenne par lieue de 5,000 mètres, 1,120,000 fr.

par kilomètre . . . . . . 224,000 fr.

et c'est à tort qu'on a prétendu que le tracé n'avait à parcourir partout qu'un terrain facile et uni. De Liège à la frontière, sur une longueur d'environ 40 kilomètres, il y aura 18 souterrains à creuser dans les rochers qui dominent la vallée tortueuse et encaissée de la Vesdre, et une hauteur, à racheter, de 200 mètres. De Ans à Liège, 5 kilomètres au plus, une pente rapide de 110 mètres nécessite un plan incliné. Les travaux achevés n'ont pas été non plus aussi simples qu'on a pu le croire ; dans les parties basses et de niveau il y a eu un grand nombre de ponts à construire, et des terrassemens assez importans.

Pendant les six premiers exercices de 1835 à 1840 la moyenne du prix de parcours des convois, par lieue, tous frais compris, a varié de 12 fr. 68 c. à 21 fr. 33 c. selon que l'exploitation a été plus ou moins complète et active en raison de l'achèvement des sections ; elle reste maintenant à peu prés fixée à 12 fr.

Pendant les six exercices : Parcours total des convois. . . .   641,661 lieues.
Total des voyageurs.   9,067,676
Recette.   15,103,938
Dépense.   10,626,417
Produit net.   4,367,461

Exercice de 1840. Longueur moyenne en exploitation. . . . .   320 kilom.
Capital engagé.   56,000,000

	CIRCULATION.		
Nombre de voyageurs par classe de voitures.	1/10e diligences.	243,143	
	3/10e chars-à-bancs.	656,499	2,199,319
	6/10e wagons.	1,298,777	
	Transports extraordinaires.	900	

Mouvement des marchandises, au moins. . . . .   117,000 T.

	PRODUITS.			
Voyageurs. . . .	Diligences.	1,037,337		
	Chars-à-bancs. . .	1,427,065	4,066,930	
	Wagons.	1,557,974		5,385,167.
	Extraordinaires. .	2,100		
Marchandises.	Bagages.	132,253		
	March^ses. diverses.	1,146,490	1,288,115	
	Produits divers.. .	9,472		

	FRAIS D'EXPLOITATION.		
	Entretien et pertes.	633,577	
	Transports.	1,834,279	. . . . . 2,997,414. Environ 56 °/₀. du pr. 1. brut
	Perception.	530,542	

2,538,053. Environ 4 °/₀.

NOTE C.

Extrait d'une délibération du Comité des fortifications (séance du 14 avril 1841) au sujet d'un chemin de fer de Paris à Strasbourg.

« Le Comité qui n'est appelé à envisager la question que sous le seul rapport de la défense du territoire. . . . . , remarque que le rail-way direct de Paris à Strasbourg se trouvant situé à une assez faible distance de la frontière du nord, il serait à craindre, dans le cas d'une invasion, que l'ennemi, maître de la ligne de la Sarre, s'avançât jusqu'à cette voie et parvint , en paralysant ce puissant moyen de communication, à isoler de l'intérieur le corps opérant sur le Rhin.

» D'ailleurs, ce n'est pas devant Strasbourg qu'il est à redouter que l'armée envahissante vienne franchir le Rhin, mais bien plutôt à Bâle, où le passage ne peut lui être aussi facilement disputé.

» Il est donc plus essentiel de pouvoir rapidement porter des masses défensives sur ce point, que dans le Bas-Rhin, avec lequel , d'ailleurs , on va communiquer incessamment, au moyen du rail-way qui s'exécute entre Bâle et Strasbourg.

» Le chemin de fer, de Paris à Mulhouse , par Dijon', présente , sous ces deux rapports, de grands avantages sur une voie directe, de Paris à Strasbourg ; de plus, il fournirait une partie de la distance qui sépare Paris de Lyon, et permettrait, par cela même, au moyen d'embranchemens, de porter des secours rapides sur cette partie de la frontière de l'Est et sur le Midi. »

. . . .

En résumé, le Comité est d'avis :

1° Que, sous le rapport militaire, le chemin de Paris à Strasbourg, par Dijon, présente de grands avantages sur celui qui suivrait la ligne directe.

2° Que, dans le cas où l'on se déciderait à exécuter l'un et l'autre de ces deux chemins, il convient d'adopter, pour la ligne directe, qui traversera les Vosges, le tracé le plus loin possible de la frontière du Nord. »

TABLE.

CHAPITRE PREMIER.

Vues générales.

CHAP. II.

Considérations statistiques.

CHAP. III.

Vues financières.

ANNEXES.

FIN DE LA TABLE.

www.ingramcontent.com/pod-product-compliance
Lightning Source LLC
LaVergne TN
LVHW011350170726
843501LV00006B/1753